M. Lakshmi Prasad
M. Padmaja

Explorando conceitos e métodos fundamentais de mineração de dados

M. Lakshmi Prasad
M. Padmaja

Explorando conceitos e métodos fundamentais de mineração de dados

Conceitos fundamentais de extração de dados

ScienciaScripts

Imprint

Any brand names and product names mentioned in this book are subject to trademark, brand or patent protection and are trademarks or registered trademarks of their respective holders. The use of brand names, product names, common names, trade names, product descriptions etc. even without a particular marking in this work is in no way to be construed to mean that such names may be regarded as unrestricted in respect of trademark and brand protection legislation and could thus be used by anyone.

Cover image: www.ingimage.com

This book is a translation from the original published under ISBN 978-620-7-65136-8.

Publisher:
Sciencia Scripts
is a trademark of
Dodo Books Indian Ocean Ltd. and OmniScriptum S.R.L publishing group

120 High Road, East Finchley, London, N2 9ED, United Kingdom
Str. Armeneasca 28/1, office 1, Chisinau MD-2012, Republic of Moldova, Europe
Printed at: see last page
ISBN: 978-620-7-72238-9

Explorar a extração de dados: Conceitos e métodos fundamentais

Autores:
Dr. M. Lakshmi Prasad
Sra. M. Padmaja

Índice

Capítulo 1
Visão geral da extração de dados

1.1 O que é a extração de dados?

A extração de dados refere-se à extração ou exploração de conhecimentos a partir de grandes quantidades de dados. O termo é, de facto, uma designação incorrecta. Assim, a prospeção de dados deveria ter sido designada mais adequadamente como prospeção de conhecimentos, que dá ênfase à extração de grandes quantidades de dados.

É o processo computacional de descoberta de padrões em grandes conjuntos de dados que envolve métodos na intersecção da inteligência artificial, da aprendizagem automática, da estatística e dos sistemas de bases de dados.
O objetivo geral do processo de extração de dados é extrair informações de um conjunto de dados e transformá-las numa estrutura compreensível para utilização posterior.

As principais propriedades da extração de dados são• Descoberta automática
    de padrões• Previsão de resultados prováveis

- Criação de informação acionável
- Foco em grandes conjuntos de dados e bases de dados

1.2 O âmbito da extração de dados

A extração de dados deriva o seu nome das semelhanças entre a procura de informações comerciais valiosas numa grande base de dados - por exemplo, encontrar produtos associados em gigabytes de dados de scanner de lojas - e a extração de uma montanha para encontrar um veio de minério valioso. Ambos os processos requerem que se peneirar uma imensa quantidade de material ou que se sondar de forma inteligente para encontrar exatamente onde reside o valor. Com bases de dados de dimensão e qualidade suficientes, a tecnologia de extração de dados pode gerar novas oportunidades de negócio ao proporcionar estas capacidades:

Previsão automatizada de tendências e comportamentos. A extração de dados automatiza o processo de encontrar informações preditivas em grandes bases de dados. As questões que tradicionalmente exigiam uma análise exaustiva podem agora ser respondidas diretamente a partir dos dados - rapidamente. Um exemplo típico de um problema de previsão é o marketing direcionado. A prospeção de dados utiliza dados sobre mailings promocionais anteriores para identificar os alvos com maior probabilidade de maximizar o retorno do investimento em mailings futuros. Outros problemas de previsão incluem a previsão de falências e outras formas de incumprimento e a identificação de segmentos de uma população susceptíveis de reagir de forma semelhante a determinados eventos.

Descoberta automatizada de padrões anteriormente desconhecidos. As ferramentas de extração de dados percorrem as bases de dados e identificam padrões anteriormente ocultos num só passo. Um exemplo de descoberta de padrões é a análise de dados de vendas a retalho para identificar produtos aparentemente não relacionados que são frequentemente comprados em conjunto. Outros problemas de descoberta de padrões incluem a deteção de transacções fraudulentas com cartões de crédito e a identificação de dados anómalos que possam representar erros de digitação de dados.

1.3 Tarefas da extração de dados

A extração de dados envolve seis classes comuns de tarefas:

- **Deteção de anomalias (deteção de anomalias/alterações/desvios)** - A identificação de registos de dados invulgares, que possam ser interessantes ou de erros de dados que exijam uma investigação mais aprofundada.
- **Aprendizagem de regras de associação (modelação de dependências)** - Procura relações entre variáveis. Por exemplo, um supermercado pode recolher dados sobre os hábitos de compra dos clientes. Utilizando a aprendizagem de regras de associação, o supermercado pode determinar quais os produtos que são frequentemente comprados em conjunto e utilizar esta informação para efeitos de marketing. Isto é por vezes referido como análise do cabaz de compras.

- **Agrupamento** - é a tarefa de descobrir grupos e estruturas nos dados que são, de uma forma ou de outra, "semelhantes", sem utilizar estruturas conhecidas nos dados.

- **Classificação** - é a tarefa de generalizar uma estrutura conhecida para a aplicar a novos dados. Por exemplo, um programa de correio eletrónico pode tentar classificar uma mensagem de correio eletrónico como "legítima" ou como "spam".

Regressão - tenta encontrar uma função que modele os dados com o menor erro possível.

- **Sumarização** - fornecer uma representação mais compacta do conjunto de dados, incluindo visualização e geração de relatórios.

1.4 Arquitetura da extração de dados

Um sistema típico de extração de dados pode ter os seguintes componentes principais

1. **Base de dados de conhecimento:**

Este é o conhecimento do domínio que é utilizado para orientar a pesquisa ou avaliar o interesse dos padrões resultantes. Estes conhecimentos podem incluir hierarquias conceptuais,

utilizados para organizar atributos ou valores de atributos em diferentes níveis de abstração. Podem também ser incluídos conhecimentos como as crenças dos utilizadores, que podem ser utilizados para avaliar o interesse de um padrão com base no seu carácter inesperado. Outros exemplos de conhecimentos do domínio são restrições ou limiares de interesse adicionais e metadados (por exemplo, descrição de dados de várias fontes heterogéneas).

2. Motor de extração de dados:

É essencial para o sistema de extração de dados e, idealmente, consiste num conjunto de módulos funcionais para tarefas como a caraterização, a análise de associação e correlação, a classificação, a previsão, a análise de clusters, a análise de outliers e a análise da evolução.

3. Módulo de avaliação de padrões:

Este componente emprega normalmente medidas de interesse e interage com os módulos de extração de dados de modo a direcionar a pesquisa para padrões interessantes. Pode utilizar limiares de interesse para filtrar os padrões descobertos. Em alternativa, o módulo de avaliação de padrões pode ser integrado com o módulo de extração de dados, dependendo da implementação do método de extração de dados utilizado. Para uma extração de dados eficiente, recomenda-se vivamente que a avaliação do interesse dos padrões seja efectuada o mais profundamente possível no processo de extração, de modo a limitar a pesquisa apenas aos padrões interessantes.

4. Interface do utilizador:

Este módulo comunica entre os utilizadores e o sistema de extração de dados, permitindo que o utilizador interaja com o sistema especificando uma consulta ou tarefa de extração de dados, fornecendo informações para ajudar a centrar a pesquisa e realizando uma extração de dados exploratória com base nos resultados intermédios da extração de dados. Além disso, este componente permite que o utilizador navegue pelos esquemas ou estruturas de dados da base de dados e do armazém de dados, avalie os padrões extraídos e visualize os padrões de diferentes formas.

1.5 Processo de extração de dados:

A extração de dados é um processo de descoberta de vários modelos, resumos e valores derivados de uma determinada coleção de dados.

O procedimento experimental geral adaptado aos problemas de extração de dados envolve as seguintes etapas:

1. Enunciar o problema e formular a hipótese

A maioria dos estudos de modelação com base em dados é realizada num determinado domínio de aplicação. Por conseguinte, o conhecimento e a experiência específicos do domínio são normalmente necessários para se chegar a uma definição significativa do problema. Infelizmente, muitos estudos de aplicação tendem a concentrar-se na técnica de extração de dados em detrimento de uma definição clara do problema. Nesta etapa, um modelador especifica normalmente um conjunto de variáveis para a dependência desconhecida e, se possível, uma forma geral desta dependência como hipótese inicial. Nesta fase, podem ser formuladas várias hipóteses para um único problema. O primeiro passo requer a combinação de conhecimentos especializados de um domínio de aplicação e de um modelo de extração de dados. Na prática, significa normalmente uma interação estreita entre o perito em data-mining e o perito em aplicações. Em aplicações de extração de dados bem sucedidas, esta cooperação não pára na fase inicial; continua durante todo o processo de extração de dados.

2. Recolher os dados

Esta etapa diz respeito à forma como os dados são gerados e recolhidos. Em geral, existem duas possibilidades distintas. A primeira é quando o processo de geração de dados está sob o controlo de um perito (modelador): esta abordagem é conhecida como uma experiência concebida. A segunda possibilidade é quando o perito não pode influenciar o processo de geração de dados: é a chamada abordagem observacional. Na maioria das aplicações de extração de dados, assume-se um cenário observacional, nomeadamente a geração aleatória de dados. Normalmente, a amostragem

A distribuição teórica dos dados é completamente desconhecida após a recolha dos dados, ou é parcial e implicitamente dada no procedimento de recolha de dados. No entanto, é muito importante compreender como a recolha de dados afecta a sua distribuição teórica, uma vez que esse conhecimento a priori pode ser muito útil para a modelização e, mais tarde, para a interpretação final dos resultados. Além disso, é importante certificar-se de que os dados utilizados para estimar um modelo e os dados utilizados posteriormente para testar e aplicar um modelo provêm da mesma distribuição de amostragem desconhecida. Se não for esse o caso, o modelo estimado não pode ser utilizado com êxito numa aplicação final dos resultados.

3. Pré-processamento dos dados

No contexto observacional, os dados são normalmente "recolhidos" a partir de bases de dados existentes, armazéns de dados e data marts. O pré-processamento de dados inclui normalmente pelo menos duas tarefas comuns:

1. **Deteção (e remoção) de valores atípicos** - Os valores atípicos são valores de dados invulgares que não são consistentes com a maioria das observações. Normalmente, os valores atípicos resultam de erros de medição, erros de codificação e de registo e, por vezes, são valores naturais e anormais. Estas amostras não representativas podem afetar seriamente o modelo produzido posteriormente. Existem duas estratégias para lidar com os outliers:

    a. Detetar e, eventualmente, remover valores anómalos como parte da fase de pré-processamento, ou

    b. Desenvolver métodos de modelação robustos que não sejam sensíveis a valores anómalos.

2. Escalonamento, codificação e seleção de características - O pré-processamento de dados inclui várias etapas, como o escalonamento de variáveis e diferentes tipos de codificação. Por exemplo, uma caraterística com o intervalo [0, 1] e a outra com o intervalo [-100, 1000] não terão os mesmos pesos na técnica aplicada; também influenciarão de forma diferente os resultados finais da extração de dados. Por conseguinte, recomenda-se que sejam escalonadas e que ambas as características tenham o mesmo peso para análise posterior. Além disso, os métodos de codificação específicos da aplicação conseguem normalmente

redução da dimensionalidade, fornecendo um número mais reduzido de características informativas para a subsequente modelação de dados.

Estas duas classes de tarefas de pré-processamento são apenas exemplos ilustrativos de um vasto espetro de actividades de pré-processamento num processo de extração de dados.

As etapas de pré-processamento de dados não devem ser consideradas completamente independentes de outras fases de extração de dados. Em cada iteração do processo de extração de dados, todas as actividades, em conjunto, podem definir conjuntos de dados novos e melhorados para iterações subsequentes. Em geral, um bom método de pré-processamento fornece uma representação óptima para uma técnica de extração de dados, incorporando conhecimentos a priori sob a forma de escalonamento e codificação específicos da aplicação.

4. Estimar o modelo

A seleção e aplicação da técnica de extração de dados adequada é a principal tarefa desta fase. Este processo não é simples; normalmente, na prática, a implementação baseia-se em vários modelos e a seleção do melhor é uma tarefa adicional. Os princípios básicos da aprendizagem e descoberta de dados são apresentados no Capítulo 4 deste livro. Posteriormente, os capítulos 5 a 13 explicam e analisam técnicas específicas que são aplicadas para efetuar um processo de aprendizagem bem sucedido a partir de dados e para desenvolver um modelo adequado.

5. Interpretar o modelo e tirar conclusões

Na maioria dos casos, os modelos de extração de dados devem ajudar na tomada de decisões. Por conseguinte, esses modelos têm de ser interpretáveis para serem úteis, uma vez que não é provável que os seres humanos baseiem as suas decisões em modelos complexos do tipo "caixa negra". Note-se que os objectivos de precisão do modelo e de precisão da sua interpretação são algo contraditórios. Normalmente, os modelos simples são mais interpretáveis, mas também são menos exactos. Espera-se que os métodos modernos de extração de dados produzam resultados altamente precisos utilizando modelos de elevada dimensão. O problema da interpretação destes modelos, também muito importante, é considerado uma tarefa separada, com

técnicas para validar os resultados. Um utilizador não quer centenas de páginas de resultados numéricos. Não os compreende, não os consegue resumir, interpretar e utilizar para uma tomada de decisão bem sucedida.

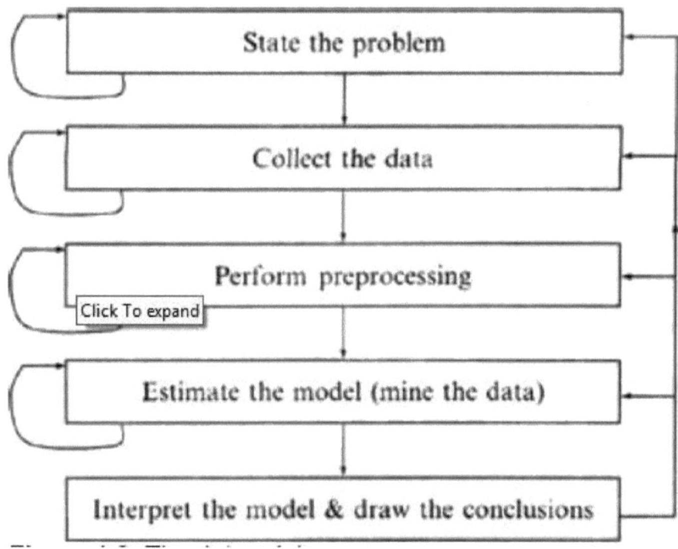

O processo de extração de dados

1.6 Classificação dos sistemas de extração de dados:

O sistema de extração de dados pode ser classificado de acordo com os seguintes critérios

- Tecnologia de bases de dados• Estatísticas
- Aprendizagem automática• Ciência da informação• Visualização
- Outras disciplinas

Alguns outros critérios de classificação:

• Classificação de acordo com o tipo de bases de dados extraídas•
Classificação de acordo com o tipo de conhecimentos extraídos
• Classificação de acordo com os tipos de técnicas utilizadas• Classificação
de acordo com as aplicações adaptadas

Classificação de acordo com o tipo de bases de dados extraídas

Podemos classificar o sistema de extração de dados de acordo com o tipo de bases de dados extraídas. O sistema de bases de dados pode ser classificado de acordo com diferentes critérios, tais como modelos de dados, tipos de dados, etc. E o sistema de extração de dados pode ser classificado em conformidade. Por exemplo, se classificarmos a base de dados de acordo com o modelo de dados, podemos ter um sistema de extração relacional, transacional, relacional-objeto ou de armazém de dados.

Classificação de acordo com o tipo de conhecimento extraído

Podemos classificar o sistema de extração de dados de acordo com o tipo de conhecimento extraído. Isto significa que os sistemas de extração de dados são classificados com base em funcionalidades como

- Caracterização• Discriminação
- Análise de associação e correlação• Classificação
- Previsão• Clustering
- Análise de Outlier
- Análise da evolução

Classificação de acordo com os tipos de técnicas utilizadas

Podemos classificar o sistema de extração de dados de acordo com o tipo de técnicas utilizadas. Podemos descrever estas técnicas de acordo com o grau de interação com o utilizador ou com os métodos de análise utilizados.

Classificação de acordo com as aplicações adaptadas

Podemos classificar o sistema de extração de dados de acordo com a aplicação adaptada. Estas aplicações são as seguintes:

- Finanças
- Telecomunicações• ADN
- Bolsas de Valores• E-mail

1.7 Questões importantes na extração de dados:

- **Exploração de diferentes tipos de conhecimentos em bases de dados.** - As necessidades dos diferentes utilizadores não são as mesmas. E diferentes utilizadores podem estar interessados em diferentes tipos de conhecimentos. Por conseguinte, é necessário que a extração de dados abranja uma vasta gama de tarefas de extração de conhecimentos.

- **Extração interactiva de conhecimentos a vários níveis de abstração.** - O processo de extração de dados tem de ser interativo porque permite aos utilizadores concentrar a pesquisa de padrões, fornecendo e refinando os pedidos de extração de dados com base nos resultados obtidos.

- **Incorporação de conhecimentos de base.** - Para orientar o processo de descoberta e exprimir os padrões descobertos, podem ser utilizados os conhecimentos de base. Os conhecimentos de base podem ser utilizados para exprimir os padrões descobertos não só em termos concisos, mas também a vários níveis de abstração.

-   **Linguagens de consulta para extração de dados e extração ad hoc de dados.** - A linguagem de consulta de prospeção de dados que permite ao utilizador descrever tarefas de prospeção ad hoc deve ser integrada com uma linguagem de consulta de armazém de dados e optimizada para uma prospeção de dados eficiente e flexível.

-   **Apresentação e visualização dos resultados da extração de dados.** - Uma vez descobertos os padrões, estes devem ser expressos em linguagens de alto nível e representações visuais. Estas representações devem ser facilmente compreensíveis para os utilizadores.

-   **Tratamento de dados ruidosos ou incompletos.** - São necessários métodos de limpeza dos dados que possam tratar o ruído e os objectos incompletos enquanto se extraem as regularidades dos dados. Se não existirem métodos de limpeza de dados, a exatidão dos padrões descobertos será fraca.

    Avaliação de padrões. - Refere-se ao interesse do problema. Os padrões descobertos devem ser interessantes porque ou representam conhecimento comum ou não têm novidade.

-   **Eficiência e escalabilidade dos algoritmos de extração de dados.** - Para extrair eficazmente a informação de uma enorme quantidade de dados nas bases de dados, o algoritmo de extração de dados tem de ser eficiente e escalável.

-   **Algoritmos de extração de dados paralelos, distribuídos e incrementais.** - Factores como a enorme dimensão das bases de dados, a ampla distribuição dos dados e a complexidade dos métodos de extração de dados motivam o desenvolvimento de algoritmos de extração de dados paralelos e distribuídos. Estes algoritmos dividem os dados em partições que são posteriormente processadas em paralelo. Em seguida, os resultados das partições são combinados. Os algoritmos incrementais actualizam as bases de dados sem ter de voltar a extrair os dados do zero.

1.8 Descoberta de conhecimentos em bases de dados (KDD)

Algumas pessoas tratam a extração de dados da mesma forma que a descoberta de conhecimentos, enquanto outras consideram a extração de dados uma etapa essencial no processo de descoberta de conhecimentos. Segue-se uma lista das etapas envolvidas no processo de descoberta de conhecimentos:

- **Limpeza de dados** - Nesta etapa, o ruído e os dados inconsistentes são removidos.

- **Integração de dados** - Nesta etapa, são combinadas várias fontes de dados.

- **Seleção de dados** - Nesta etapa, os dados relevantes para a tarefa de análise são recuperados da base de dados.

- **Transformação de dados** - Nesta etapa, os dados são transformados ou consolidados em formas apropriadas para a extração, através da realização de operações de resumo ou de agregação.

- **Extração de dados** - Nesta fase, são aplicados métodos inteligentes para extrair padrões de dados.

- **Avaliação de padrões** - Nesta etapa, os padrões de dados são avaliados.

- **Apresentação do conhecimento** - Nesta etapa, o conhecimento é representado.

O diagrama seguinte mostra o processo de descoberta de conhecimentos:

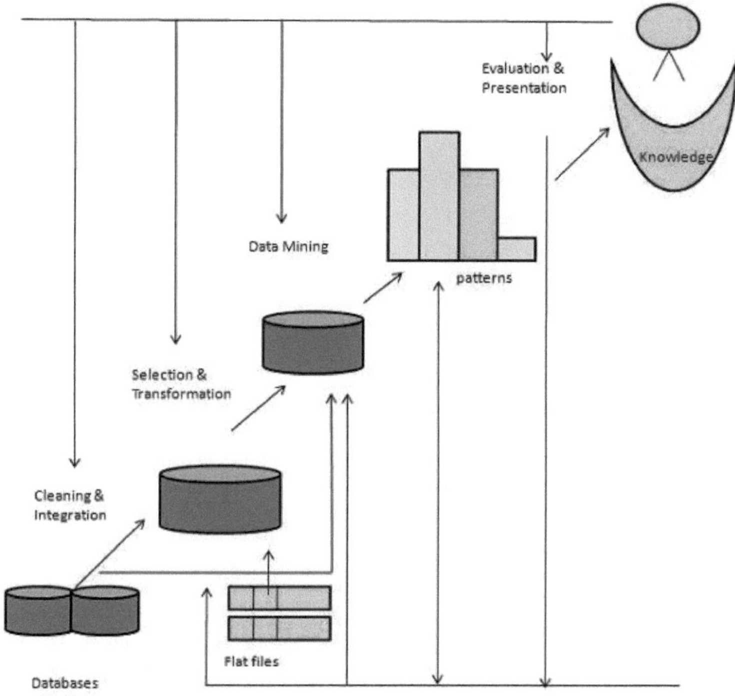

Arquitetura do KDD

1.9 Armazém de dados:

Um armazém de dados é uma coleção de dados orientada para o assunto, integrada, variável no tempo e não volátil, que apoia o processo de tomada de decisões da gestão.

Orientado para o assunto: Um armazém de dados pode ser utilizado para analisar uma determinada área temática. Por exemplo, "vendas" pode ser um assunto específico.

Integrado: Um armazém de dados integra dados de várias fontes de dados. Por exemplo, a fonte A e a fonte B podem ter formas diferentes de identificar um produto, mas num armazém de dados, haverá apenas uma única forma de identificar um produto.

Variante temporal: Os dados históricos são mantidos num armazém de dados. Por exemplo, é possível recuperar dados de 3 meses, 6 meses, 12 meses, ou mesmo dados mais antigos de um armazém de dados. Isto contrasta com um sistema de transacções, onde frequentemente apenas são mantidos os dados mais recentes. Por exemplo, um sistema de transacções pode guardar o endereço mais recente de um cliente, enquanto um armazém de dados pode guardar todos os endereços associados a um cliente.

Não volátil: Uma vez que os dados estejam no armazém de dados, não serão alterados. Assim, os dados históricos num armazém de dados nunca devem ser alterados.

1.9.1 Processo de conceção de Data Warehouse:

Um data warehouse pode ser construído utilizando uma *abordagem top-down, bottom-up* ou
combinação de ambos.

- A abordagem descendente começa com a conceção e o planeamento globais. É útil nos casos em que a tecnologia é madura e bem conhecida e em que os problemas comerciais que devem ser resolvidos são claros e bem compreendidos.

- A abordagem ascendente começa com experiências e protótipos. Isto é útil na fase inicial da modelação do negócio e do desenvolvimento da tecnologia. Permite que uma organização avance com uma despesa consideravelmente menor e avalie os benefícios da tecnologia antes de assumir compromissos significativos.

- Na abordagem combinada, uma organização pode explorar a natureza planeada e estratégica d a abordagem descendente, mantendo a implementação rápida e a aplicação oportunista da abordagem ascendente.

O processo de conceção do armazém consiste nas seguintes etapas:

- Escolha um processo empresarial para modelar, por exemplo, encomendas, facturas, expedições, inventário, administração de contas, vendas ou o razão geral. Se o processo empresarial for organizacional e envolver várias colecções de objectos complexos, deve ser seguido um modelo de data warehouse. No entanto, se o processo for departamental e se centrar na análise de um tipo de processo empresarial, deve ser escolhido um modelo de data mart.
- Escolher o grão do processo empresarial. O grão é o nível fundamental e atómico dos dados a serem representados na tabela de factos para este processo, por exemplo, transacções individuais, instantâneos diários individuais, etc.
- Escolha as dimensões que serão aplicadas a cada registo da tabela de factos. As dimensões típicas são tempo, item, cliente, fornecedor, depósito, tipo de transação e status.
- Escolha as medidas que irão preencher cada registo da tabela de factos. As medidas típicas são quantidades aditivas numéricas, como dólares vendidos e unidades vendidas.

1.9.2 Uma Arquitetura de Armazém de Dados de Três Níveis:

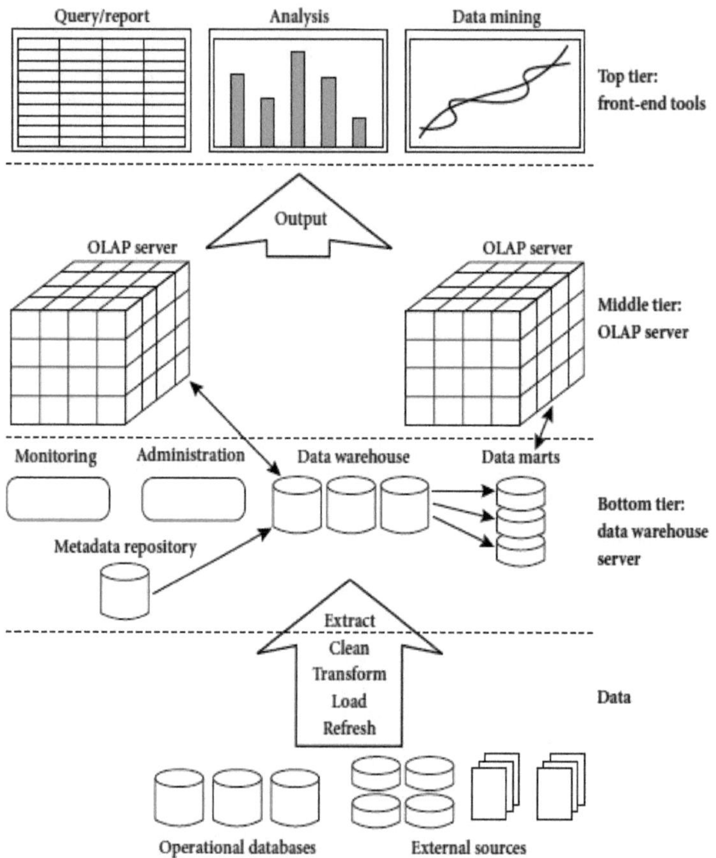

Nível 1:

O nível inferior é um servidor de base de dados de armazém que é quase sempre um sistema de base de dados relacional. As ferramentas e utilitários de back-end são utilizados para alimentar a camada inferior com dados provenientes de bases de dados operacionais ou de outras fontes externas (como informações sobre o perfil do cliente fornecidas por consultores externos). Estas ferramentas e utilitários efectuam a extração, limpeza e transformação de dados (por exemplo, para fundir dados semelhantes de diferentes fontes num formato unificado), bem como funções de carregamento e atualização para atualizar o armazém de dados. Os dados são extraídos utilizando interfaces de programas de aplicação conhecidas como gateways. Uma gateway é suportada pelo SGBD subjacente e permite que os programas clientes gerem código SQL para ser executado num servidor.

Exemplos de gateways incluem ODBC (Open Database Connection) e OLEDB (Open Linkingand Embedding for Databases) da Microsoft e JDBC (Java Database Connection).
Este nível também contém um repositório de metadados, que armazena informações sobre o armazém de dados e o seu conteúdo.

Nível 2:

O nível intermédio é um servidor OLAP que é normalmente implementado utilizando um modelo OLAP relacional (ROLAP) ou um OLAP multidimensional.

- O modelo OLAP é um SGBD relacional alargado que mapeia operações sobre dados multidimensionais para operações relacionais padrão.
- Um modelo OLAP multidimensional (MOLAP), ou seja, um servidor para fins especiais que implementa diretamente dados e operações multidimensionais.

Nível 3:

O nível superior é uma camada de cliente front-end, que contém ferramentas de consulta e de elaboração de relatórios, ferramentas de análise e/ou ferramentas de extração de dados (por exemplo, análise de tendências, previsão, etc.).

1.9.3   Modelos de Data Warehouse:

Existem três modelos de data warehouse.

1. Armazém da empresa:

- Um armazém empresarial recolhe todas as informações sobre assuntos que abrangem toda a organização.

- Proporciona a integração de dados à escala da empresa, normalmente a partir de um ou mais sistemas operacionais ou fornecedores de informação externos, e tem um âmbito multifuncional.

- Normalmente, contém dados pormenorizados, bem como dados resumidos, e o seu tamanho pode variar entre alguns gigabytes e centenas de gigabytes, terabytes ou mais.

- Um data warehouse empresarial pode ser implementado em mainframes tradicionais, super servidores ou plataformas de arquitetura paralela. Requer uma modelação comercial extensiva e pode levar anos a ser concebido e construído.

2. Data mart:

- Um data mart contém um subconjunto de dados de toda a empresa que é de valor para um grupo específico de utilizadores. O âmbito é limitado a temas específicos seleccionados. Por exemplo, um data mart de marketing pode limitar os seus assuntos a clientes, itens e vendas. Os dados contidos nos data marts tendem a ser resumidos.

- Os data marts são normalmente implementados em servidores departamentais de baixo custo, baseados em UNIX/LINUX ou Windows. O ciclo de implementação de um data mart é mais suscetível de ser medido em semanas do que em meses ou anos. No entanto, pode implicar uma integração complexa a longo prazo, se a sua conceção e planeamento não tiverem sido feitos à escala da empresa.

- Dependendo da fonte de dados, os data marts podem ser classificados como independentes ou dependentes. Os data marts independentes são obtidos a partir de dados capturados de um ou mais sistemas operacionais ou fornecedores de informação externos, ou de dados gerados localmente num determinado departamento ou área geográfica. Os data marts dependentes são obtidos diretamente dos armazéns de dados da empresa.

3. Armazém virtual:

- Um armazém virtual é um conjunto de vistas sobre bases de dados operacionais. Para um processamento eficiente d a s c o n s u l t a s , apenas algumas das possíveis vistas resumidas podem ser materializadas.
- Um armazém virtual é fácil de construir, mas requer capacidade excessiva nos servidores de bases de dados operacionais.

1.9.4 Repositório de metadados:

Os metadados são dados sobre dados. Quando utilizados num armazém de dados, os metadados são os dados que definem os objectos do armazém. Os metadados são criados para os nomes e definições de dados de um determinado armazém. São criados e capturados metadados adicionais para o carimbo de data/hora de quaisquer dados extraídos, a fonte dos dados extraídos e os campos em falta que tenham sido adicionados por processos de limpeza ou integração de dados.

Um repositório de metadados deve conter o seguinte:

- Uma descrição da estrutura do armazém de dados, que inclui o esquema do armazém, a vista, as dimensões, as hierarquias e as definições de dados derivados, bem como a localização e o conteúdo do data mart.

- Metadados operacionais, que incluem a linhagem de dados (histórico dos dados migrados e a sequência de transformações aplicadas), a moeda dos dados (activos, arquivados ou eliminados) e informações de monitorização (estatísticas de utilização do armazém, relatórios de erros e pistas de auditoria).

- Os algoritmos utilizados para a compactação, que incluem algoritmos de definição de medidas e dimensões, dados sobre granularidade, partições, áreas temáticas, agregação, compactação e consultas e relatórios predefinidos.

- O mapeamento do ambiente operacional para o armazém de dados, que inclui bases de dados de origem e respectivos conteúdos, descrições de gateways, partições de dados, extração de dados, limpeza, regras de transformação e predefinições, regras de atualização e eliminação de dados e segurança (autorização do utilizador e controlo de acesso).

- Dados relacionados com o desempenho do sistema, que incluem índices e perfis que melhoram o desempenho do acesso e da recuperação de dados, para além de regras para a calendarização e programação dos ciclos de atualização e replicação.

- Actividadesmetadados, que incluem negócio termos e definições, informações sobre a propriedade dos dados e políticas de faturação.

1.10 OLAP (processamento analítico em linha):

- O OLAP é uma abordagem para responder rapidamente a consultas analíticas multidimensionais (MDA).
- O OLAP faz parte da categoria mais vasta de business intelligence, que também engloba a base de dados relacional, a elaboração de relatórios e a extração de dados.
- As ferramentas OLAP permitem aos utilizadores analisar dados multidimensionais de forma interactiva a partir de múltiplas perspectivas.

O OLAP consiste em três operações analíticas básicas:

➢ Consolidação (Roll-Up)

➢ Perfuração

➢ Cortar e cortar em cubos

- A consolidação envolve a agregação de dados que podem ser acumulados e calculados numa ou mais dimensões. Por exemplo, todos os escritórios de vendas são agregados ao departamento ou divisão de vendas para antecipar as tendências de vendas.

- O drill-down é uma técnica que permite aos utilizadores navegar pelos detalhes. Por exemplo, os utilizadores podem ver as vendas por produtos individuais que compõem as vendas de uma região.

- O fatiamento e o corte em cubos é uma caraterística que permite aos utilizadores retirar (fatiamento) um conjunto específico de dados do cubo OLAP e visualizar (corte em cubos) as fatias a partir de diferentes pontos de vista.

1.10.1   Tipos de OLAP:

1. OLAP relacional (ROLAP):

- O ROLAP trabalha diretamente com bases de dados relacionais. Os dados de base e as tabelas de dimensão são armazenados como tabelas relacionais e são criadas novas tabelas para guardar as informações agregadas. Depende de um desenho de esquema especializado.
- Esta metodologia baseia-se na manipulação dos dados armazenados na base de dados relacional para dar a aparência da funcionalidade OLAP tradicional de corte e divisão. Essencialmente, cada ação de "slicing and dicing" é equivalente a adicionar uma cláusula "WHERE" na instrução SQL.
- As ferramentas ROLAP não utilizam cubos de dados pré-calculados, mas colocam a consulta na base de dados relacional padrão e nas suas tabelas, a fim de obter os dados necessários para responder à pergunta.
- As ferramentas ROLAP têm a capacidade de fazer qualquer pergunta porque a

metodologia n ã o se limita ao conteúdo de um cubo. O ROLAP também tem a capacidade de pesquisar até ao nível mais baixo de pormenor na base de dados.

2. OLAP multidimensional (MOLAP):

- O MOLAP é a forma "clássica" de OLAP e é por vezes referido apenas como OLAP.

- O MOLAP armazena estes dados numa matriz optimizada de armazenamento multidimensional, em vez de os armazenar numa base de dados relacional. Por conseguinte, requer a pré-computação e o armazenamento de informação no cubo - a operação conhecida como processamento.

- As ferramentas MOLAP utilizam geralmente um conjunto de dados pré-calculado, designado por cubo de dados.
  O cubo de dados contém todas as respostas possíveis a um determinado conjunto de perguntas.

- As ferramentas MOLAP têm um tempo de resposta muito rápido e a capacidade de r e e s c r e v e r rapidamente os dados no conjunto de dados.

3. OLAP híbrido (HOLAP):

- Não existe um acordo claro na indústria sobre o que constitui o OLAP híbrido, exceto que uma base de dados dividirá os dados entre armazenamento relacional e especializado.
- Por exemplo, para alguns fornecedores, uma base de dados HOLAP utilizará tabelas relacionais para guardar as quantidades maiores de dados detalhados e utilizará armazenamento especializado para, pelo menos, alguns aspectos das quantidades menores de dados mais agregados ou menos detalhados.
- O HOLAP aborda as deficiências do MOLAP e do ROLAP, combinando as capacidades de ambas as abordagens.
- As ferramentas HOLAP podem utilizar tanto cubos pré-calculados como fontes

de dados relacionais.

1.11   Pré-processamento de dados:

1.11.1   Integração de dados:

Combina dados de várias fontes num armazenamento de dados coerente, como no armazenamento de dados. Estas fontes podem incluir várias bases de dados, cubos de dados ou ficheiros simples.

Os sistemas de integração de dados são formalmente definidos como uma

tripla<G,S,M> Onde G: O esquema global

S:Fonte heterogénea de esquemas

M: Mapeamento entre as consultas do esquema de origem e do esquema global

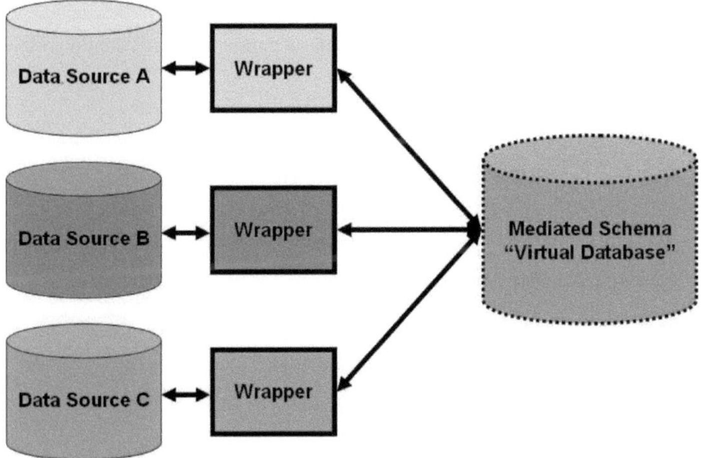

1.11.2   Questões relativas à integração de dados:

1. Integração de esquemas e correspondência de objectos:

Como é que o analista de dados ou o computador podem ter a certeza de que a identificação do cliente numa base de dados e o número de cliente noutra referem o mesmo atributo?

2. Redundância:

Um atributo (como a receita anual, por exemplo) pode ser redundante se puder ser derivado de outro atributo ou conjunto de atributos. As inconsistências na designação de atributos ou dimensões podem também causar redundâncias no conjunto de dados resultante.

3. deteção e resolução de conflitos de valores de dados:

Para a mesma entidade do mundo real, os valores dos atributos de diferentes fontes podem ser diferentes.

1.11.3   Transformação de dados:

Na transformação de dados, os dados são transformados ou consolidados em formas adequadas para a extração.

A transformação de dados pode envolver o seguinte:

- **Suavização**, que tem por objetivo remover o ruído dos dados. Estas técnicas incluem o agrupamento, a regressão e o agrupamento.

- **Agregação**, onde as operações de resumo ou agregação são aplicadas aos dados. Por exemplo, os dados das vendas diárias podem ser agregados de forma a calcular os montantes totais mensais e anuais. Este passo é tipicamente utilizado na construção de um cubo de dados para análise dos dados em múltiplas granularidades.

- **Generalização dos dados**, em que os dados de baixo nível ou "primitivos" (em bruto) são substituídos por conceitos de nível superior através da utilização de hierarquias de conceitos. Por exemplo, os atributos categóricos, como rua, podem ser generalizados para conceitos de nível superior, como cidade ou país.

- **Normalização**, em que os dados dos atributos são escalados de modo a ficarem dentro de um pequeno intervalo especificado, como 1:0 a 1:0, ou 0:0 a 1:0.

- **Construção de atributos** (ou construção de características), em que são construídos e adicionados novos atributos a partir do conjunto de atributos dado para ajudar o processo de extração.

1.11.4 Redução de dados:

As técnicas de redução de dados podem ser aplicadas para obter uma representação reduzida do conjunto de dados que é muito menor em volume, mas que mantém a integridade dos dados originais. Ou seja, a extração de dados no conjunto de dados reduzido deve ser mais eficiente e produzir os mesmos (ou quase os mesmos) resultados analíticos.

As estratégias para a redução de dados incluem o seguinte:

- **Agregação de cubos de dados**, em que as operações de agregação são aplicadas aos dados na construção de um cubo de dados.

- **Seleção de subconjuntos de atributos**, em que podem ser detectados e eliminados atributos ou dimensões irrelevantes, pouco relevantes ou redundantes.

- **Redução da dimensionalidade**, em que são utilizados mecanismos de codificação para reduzir a dimensão do conjunto de dados.

- **Redução da numerosidade**, em que os dados são substituídos ou estimados por representações alternativas de dados de menor dimensão, como os modelos paramétricos (que apenas necessitam de armazenar os parâmetros do modelo em vez dos dados reais) ou métodos não paramétricos, como a agregação, a amostragem e a utilização de histogramas.

- **Discretização e geração de hierarquias conceptuais**, onde os valores de dados brutos para atributos são substituídos por intervalos ou níveis conceptuais superiores. A discretização de dados é uma forma de redução da numerosidade que é muito útil para a geração automática de hierarquias conceptuais. A discretização e a geração de hierarquias conceptuais são ferramentas poderosas para a exploração de dados, na medida em que permitem a exploração de dados a vários níveis de abstração.

Capítulo 2

Regras de associação de mineração

2.1 Extração de regras de associação:

- A extração de regras de associação é um método popular e bem estudado para descobrir relações interessantes entre variáveis em grandes bases de dados.

- O seu objetivo é identificar regras fortes descobertas em bases de dados utilizando diferentes medidas de interesse.

- Com base no conceito de regras fortes, Rakesh-Agrawal et al. introduziram as regras de associação.

Definição do problema:

O problema da extração de regras de associação é definido como:

Seja $I = \{i_1, i_2, \ldots, i_n\}$ um conjunto de n atributos binários designados por *itens*.

Seja $D = \{t_1, t_2, \ldots, t_m\}$ um conjunto de transacções designado por *base de dados*.

Cada transação em D tem um ID de transação único e contém um subconjunto dos itens em I.

Uma *regra* é definida como uma implicação da forma $X \Rightarrow Y$ onde

$$X, Y \subseteq I \text{ e } X \cap Y = \emptyset.$$

Os conjuntos de itens (para *conjuntos de itens* curtos) X e Y são designados por *antecedente* (lado esquerdo ou LHS) e

consequente (lado direito ou RHS) da regra, respetivamente.

Exemplo:

Para ilustrar os conceitos, utilizamos um pequeno exemplo do domínio dos supermercados. O conjunto de artigos é $I = \{\text{milk, bread, butter, beer}\}$ e uma pequena base de dados que contém os artigos (1 código de presença e 0 de ausência de um artigo numa transação) é apresentada no quadro.

Um exemplo de regra para o supermercado poderia ser $\{\text{butter, bread}\} \Rightarrow \{\text{milk}\}$, o que significa que se comprarem manteiga e pão, os clientes também compram leite.

Exemplo de base de dados com 4 itens e 5 transacções

ID da transação	leite	pão	manteiga	cerveja
1	1	1	0	0
2	0	0	1	0
3	0	0	0	1
4	1	1	1	0
5	0	1	0	0

2.1.1 Conceitos importantes da extração de regras de associação:

- O **suporte** $\text{supp}(X)$ de um conjunto de itens X é definido como a proporção de transacções no conjunto de dados conjunto que contêm o conjunto de itens. No o exemplo base de dados, o conjunto de itens $\{\text{milk, bread, butter}\}$ tem um apoio de $1/5 = 0.2$ uma vez que ocorre em 20% de todas as transacções (1 em cada 5 transacções).

- A **confiança de** uma regra é definida

$$\text{conf}(X \Rightarrow Y) = \text{supp}(X \cup Y)/\text{supp}(X).$$

Por exemplo, a regra $\{\text{butter, bread}\} \Rightarrow \{\text{milk}\}$ tem uma confiança de $0.2/0.2 = 1.0$ na base de dados, o que significa que para 100% das transacções que contêm manteiga e pão a regra está correcta (100% das vezes que um cliente compra manteiga e pão, também compra leite). A confiança pode ser interpretada como uma estimativa da probabilidade $P(Y|X)$, a probabilidade de encontrar o RHS da regra nas transacções sob a condição de que essas transacções também contenham o LHS.

- O *tempo de vida de* uma regra é definido como

$$\text{lift}(X \Rightarrow Y) = \frac{\text{supp}(X \cup Y)}{\text{supp}(X) \times \text{supp}(Y)}$$

ou o rácio entre o apoio observado e o apoio esperado se X e Y fossem independentes. A regra $\{\text{milk, bread}\} \Rightarrow \{\text{butter}\}$ tem uma elevação de $\frac{0.2}{0.4 \times 0.4} = 1.25$.

- A **condenação** de uma regra é definida como

$$\text{conv}(X \Rightarrow Y) = \frac{1 - \text{supp}(Y)}{1 - \text{conf}(X \Rightarrow Y)}.$$

A regra $\{\text{milk, bread}\} \Rightarrow \{\text{butter}\}$ tem uma convicção de $\frac{1 - 0.4}{1 - .5} = 1.2$,

e pode ser interpretado como o rácio da frequência esperada de ocorrência de X sem Y (ou seja, a frequência com que a regra faz uma previsão incorrecta) se X e Y fossem independentes, dividido pela frequência observada de previsões incorrectas.

2.2 Análise do cabaz de compras:

Este processo analisa os hábitos de compra dos clientes, encontrando associações entre os diferentes artigos que os clientes colocam nos seus cestos de compras. A descoberta de tais associações pode ajudar os retalhistas a desenvolver estratégias de marketing, ao obterem informações sobre os artigos que são frequentemente comprados em conjunto pelos clientes. Por exemplo, se os clientes estão a comprar leite, qual a probabilidade de comprarem também pão (e que tipo de pão) na mesma ida ao supermercado. Esta informação pode levar a um aumento das vendas, ajudando os retalhistas a fazer marketing seletivo e a planear o seu espaço nas prateleiras.

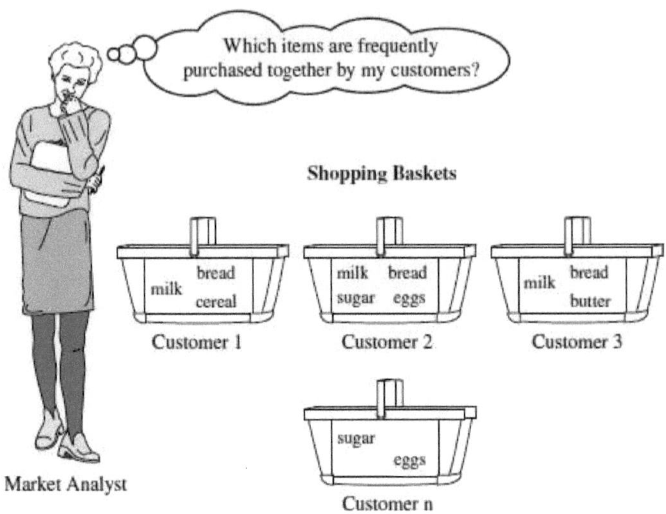

Exemplo:

Se os clientes que compram computadores também tendem a comprar software antivírus ao mesmo tempo, a colocação do expositor de hardware perto do expositor de software pode ajudar a aumentar as vendas de ambos os artigos. Numa estratégia alternativa, colocar o hardware e o software em extremos opostos da loja pode levar os clientes que compram esses artigos a comprar outros artigos pelo caminho. Por exemplo, depois de se decidir por um computador caro, um cliente pode observar sistemas de segurança à venda enquanto se dirige ao expositor de software para comprar software antivírus e pode decidir comprar também um sistema de segurança doméstica. A análise do cabaz de compras também pode ajudar os retalhistas a planear os artigos a colocar à venda a preços reduzidos. Se os clientes tendem a comprar computadores e impressoras em conjunto, a realização de uma venda de impressoras pode incentivar a venda de impressoras *e* computadores.

2.3   Extração de padrões frequentes:

A mineração frequente de padrões pode ser classificada de várias formas, com base nos seguintes critérios:

1. **Com base na exaustividade dos padrões a serem extraídos:**

- Podemos extrair o conjunto completo de conjuntos de itens frequentes, os conjuntos de itens frequentes fechados e os conjuntos de itens frequentes máximos, dado um limiar mínimo de suporte.
- Também podemos extrair conjuntos de i t e n s frequentes com restrições, conjuntos de itens frequentes aproximados, conjuntos de itens frequentes próximos, conjuntos de itens frequentes top-k, etc.

2. **Com base nos níveis de abstração envolvidos no conjunto de regras:**

Alguns métodos de extração de regras de associação podem encontrar regras em diferentes níveis de abstração.

Por exemplo, suponhamos que um conjunto de regras de associação extraídas inclui as seguintes regras em que X é uma variável que representa um cliente:

compra(X, -computador‖))=>compra(X, -impressora HP‖)	(1)

compra(X, -laptop computer‖)) =>compra(X, -HP printer‖)	(2)

Na regra (1) e (2), os itens comprados são referenciados em diferentes níveis de abstração (por exemplo,

-computador‖ é uma abstração de nível superior de *-computador portátil‖*).

3. **Com base no número de dimensões de dados envolvidas na regra:**

- Se os itens ou atributos de uma regra de associação referirem apenas uma dimensão, trata-se de uma regra de associação unidimensional.
compra(X, -computador‖))=>compra(X, -software antivírus‖)

- Se uma regra faz referência a duas ou mais dimensões, como as dimensões idade, renda e compras, então ela é uma regra de associação multidimensional. A regra a seguir é um exemplo de uma regra multidimensional:
idade(X, -30,31...39‖) ^ rendimento(X, -42K,...48K‖))=>compras(X, -televisão de alta resolução‖)

4. Com base nos tipos de valores tratados na regra:

- Se uma regra envolve associações entre a presença ou ausência de itens, é uma regra de associação booleana.
- Se uma regra descreve associações entre itens ou atributos quantitativos, então é uma regra de associação quantitativa.

5. Com base nos tipos de regras a extrair:

- A análise de padrões frequentes pode gerar vários tipos de regras e outras relações interessantes.
- A extração de regras de associação pode gerar um grande número de regras, muitas das quais são redundantes ou não indicam uma relação de correlação entre conjuntos de itens.
- As associações descobertas podem ser posteriormente analisadas para descobrir correlações estatísticas, conduzindo a regras de correlação.

6. Com base nos tipos de padrões a serem extraídos:

- Muitos tipos de padrões frequentes podem ser extraídos de diferentes tipos de conjuntos de dados.
- A extração de padrões sequenciais procura sequências frequentes num conjunto de dados sequenciais, em que uma sequência regista uma ordenação de eventos.
- Por exemplo, com a extração de padrões sequenciais, podemos estudar a ordem pela qual os artigos são frequentemente comprados. Por exemplo, os clientes podem ter tendência para comprar primeiro um PC, seguido de uma câmara digital e depois um cartão de memória.
- A exploração de padrões estruturados procura subestruturas frequentes num conjunto de dados estruturados. • Os itens individuais são a forma mais simples de estrutura.
- Cada elemento de um conjunto de itens pode conter uma subsequência, uma subárvore, e assim por diante.
- Por conseguinte, a extração de padrões estruturados pode ser considerada como a forma mais geral de extração de padrões frequentes.

2.4 Métodos eficientes de extração de conjuntos de itens frequentes:

2.4.1 Encontrar conjuntos de itens frequentes utilizando a geração de candidatos: o algoritmo Apriori

- O Apriori é um algoritmo seminal proposto por R. Agrawal e R. Srikant em 1994 para a extração de conjuntos de itens frequentes para regras de associação booleanas.

- O nome do algoritmo baseia-se no facto de o algoritmo utilizar o *conhecimento prévio* das propriedades dos conjuntos de itens frequentes.

- O Apriori utiliza uma abordagem iterativa conhecida como pesquisa *por níveis*, em que k *conjuntos de itens* são utilizados para explorar $(k+1)$ conjuntos de itens.

- Em primeiro lugar, o conjunto de 1-itemsets frequentes é encontrado percorrendo a base de dados para acumular a contagem de cada item e recolhendo os itens que satisfazem o suporte mínimo. *O* conjunto resultante é designado por *L1*. Em seguida, *L1* é utilizado para encontrar *L2*, o conjunto de conjuntos frequentes de 2 itens, que é utilizado para encontrar *L3*, e assim por diante, até não ser possível encontrar mais *conjuntos* frequentes de *k itens*.

  - A localização de cada L_k requer uma pesquisa completa da base de dados.

- O Aprioric segue um processo em duas etapas que consiste em acções de juntar e podar.

Algorithm: Apriori. Find frequent itemsets using an iterative level-wise approach based on candidate generation.

Input:

* D, a database of transactions;

* *min_sup*, the minimum support count threshold.

Output: L, frequent itemsets in D.

Method:

```
(1)     L₁ = find_frequent_1-itemsets(D);
(2)     for (k = 2; Lₖ₋₁ ≠ φ; k++) {
(3)         Cₖ = apriori_gen(Lₖ₋₁);
(4)         for each transaction t ∈ D { // scan D for counts
(5)             Cₜ = subset(Cₖ, t); // get the subsets of t that are candidates
(6)             for each candidate c ∈ Cₜ
(7)                 c.count++;
(8)         }
(9)         Lₖ = {c ∈ Cₖ|c.count ≥ min_sup}
(10)    }
(11)    return L = ∪ₖLₖ;
```

procedure apriori_gen(L_{k-1}:frequent $(k-1)$-itemsets)

```
(1)     for each itemset l₁ ∈ Lₖ₋₁
(2)         for each itemset l₂ ∈ Lₖ₋₁
(3)             if (l₁[1] = l₂[1]) ∧ (l₁[2] = l₂[2]) ∧ ... ∧ (l₁[k−2] = l₂[k−2]) ∧ (l₁[k−1] < l₂[k−1]) then {
(4)                 c = l₁ ⋈ l₂; // join step: generate candidates
(5)                 if has_infrequent_subset(c, Lₖ₋₁) then
(6)                     delete c; // prune step: remove unfruitful candidate
(7)                 else add c to Cₖ;
(8)             }
(9)     return Cₖ;
```

procedure has_infrequent_subset(c: candidate k-itemset;
        L_{k-1}: frequent $(k-1)$-itemsets); // use prior knowledge

```
(1)     for each (k−1)-subset s of c
(2)         if s ∉ Lₖ₋₁ then
(3)             return TRUE;
(4)     return FALSE;
```

Exemplo:

TID	Lista de IDs de itens
T100	I1, I2, I5
T200	I2, I4
T300	I2, I3
T400	I1, I2, I4
T500	I1, I3
T600	I2, I3
T700	I1, I3
T800	I1, I2, I3, I5
T900	I1, I2, I3

Existem nove transacções nesta base de dados, ou seja, $|D| = 9$.

Passos:

1.   Na primeira iteração do algoritmo, cada item é um membro do conjunto de itens candidatos1, C1. O algoritmo simplesmente varre todas as transacções para contar o número de ocorrências de cada item.

2.   Suponhamos que o número mínimo de suportes necessários é 2, ou seja, min sup = 2. O conjunto de conjuntos de 1 item frequentes, L1, pode então ser determinado. No nosso exemplo, todos os candidatos em C1 satisfazem o suporte mínimo.

3.   Para descobrir o conjunto de conjuntos de 2 itens frequentes, L2, o algoritmo usa a junção L1 em L1 para gerar um conjunto candidato de conjuntos de 2 itens, C2. Nenhum candidato é removido de C2 durante a etapa de poda porque cada subconjunto dos candidatos também é frequente.

4.   Em seguida, as transacções emD são analisadas e a contagem de apoio de cada conjunto de itens candidato emC2 é acumulada.

5.   O conjunto de conjuntos de 2 itens frequentes, L2, é então determinado, consistindo nos conjuntos de 2 itens candidatos em C2 com suporte mínimo.

6.   A geração do conjunto de conjuntos de 3 itens candidatos,C3, A partir da etapa de junção, obtemos primeiro C3 =L2x L2 = ({I1, I2, I3}, {I1, I2, I5}, {I1, I3, I5}, {I2, I3, I4},{I2, I3, I5}, {I2, I4, I5}. Com base no

Com base na propriedade Apriori de que todos os subconjuntos de um conjunto de itens frequentes também devem ser frequentes, podemos determinar que os quatro últimos candidatos não podem ser frequentes.

7.   As transacções em D são analisadas de modo a determinar L3, que consiste nos conjuntos de 3 itens candidatos em C3 com apoio mínimo.

8. O algoritmo utiliza L3x L3 para gerar um conjunto candidato de conjuntos de 4 itens, C4.

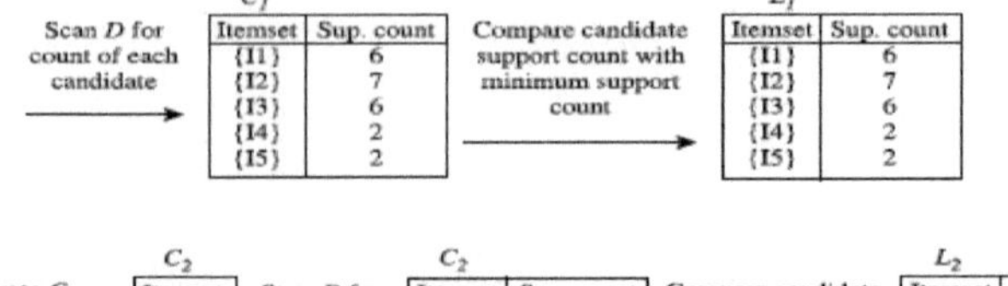

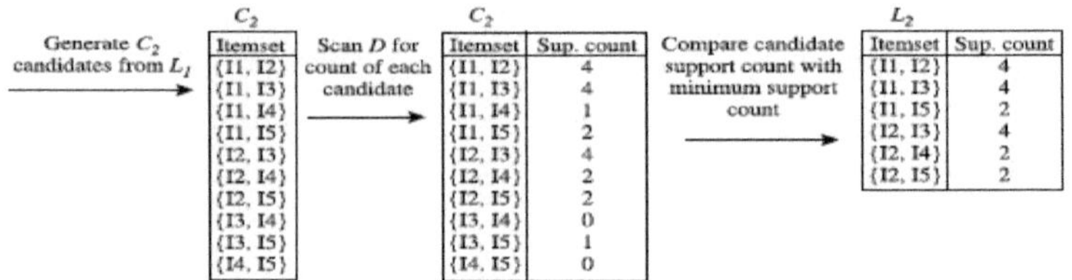

Generate C_3 candidates from L_2

C_3 Itemset	Scan D for count of each candidate	C_3 Itemset	Sup. count	Compare candidate support count with minimum support count	L_3 Itemset	Sup. count
{I1, I2, I3}		{I1, I2, I3}	2		{I1, I2, I3}	2
{I1, I2, I5}		{I1, I2, I5}	2		{I1, I2, I5}	2

Generation of candidate itemsets and frequent itemsets, where the minimum support count is 2.

(a) Join: $C_3 = L_2 \bowtie L_2$ = {{I1, I2}, {I1, I3}, {I1, I5}, {I2, I3}, {I2, I4}, {I2, I5}} $\bowtie$
       {{I1, I2}, {I1, I3}, {I1, I5}, {I2, I3}, {I2, I4}, {I2, I5}}
     = {{I1, I2, I3}, {I1, I2, I5}, {I1, I3, I5}, {I2, I3, I4}, {I2, I3, I5}, {I2, I4, I5}}.

(b) Prune using the Apriori property: All nonempty subsets of a frequent itemset must also be frequent. Do any of the candidates have a subset that is not frequent?

- The 2-item subsets of {I1, I2, I3} are {I1, I2}, {I1, I3}, and {I2, I3}. All 2-item subsets of {I1, I2, I3} are members of L_2. Therefore, keep {I1, I2, I3} in C_3.
- The 2-item subsets of {I1, I2, I5} are {I1, I2}, {I1, I5}, and {I2, I5}. All 2-item subsets of {I1, I2, I5} are members of L_2. Therefore, keep {I1, I2, I5} in C_3.
- The 2-item subsets of {I1, I3, I5} are {I1, I3}, {I1, I5}, and {I3, I5}. {I3, I5} is not a member of L_2, and so it is not frequent. Therefore, remove {I1, I3, I5} from C_3.
- The 2-item subsets of {I2, I3, I4} are {I2, I3}, {I2, I4}, and {I3, I4}. {I3, I4} is not a member of L_2, and so it is not frequent. Therefore, remove {I2, I3, I4} from C_3.
- The 2-item subsets of {I2, I3, I5} are {I2, I3}, {I2, I5}, and {I3, I5}. {I3, I5} is not a member of L_2, and so it is not frequent. Therefore, remove {I2, I3, I5} from C_3.
- The 2-item subsets of {I2, I4, I5} are {I2, I4}, {I2, I5}, and {I4, I5}. {I4, I5} is not a member of L_2, and so it is not frequent. Therefore, remove {I2, I4, I5} from C_3.

(c) Therefore, C_3 = {{I1, I2, I3}, {I1, I2, I5}} after pruning.

Generation and pruning of candidate 3-itemsets, C_3, from L_2 using the Apriori property.

2.4.2 Geração de regras de associação a partir de conjuntos de itens frequentes:

Uma vez encontrados os conjuntos de itens frequentes das transacções de uma base de dados D, é fácil gerar regras de associação fortes a partir deles.

$$confidence(A \Rightarrow B) = P(B|A) = \frac{support\_count(A \cup B)}{support\_count(A)}.$$

The conditional probability is expressed in terms of itemset support count, where $support\_count(A \cup B)$ is the number of transactions containing the itemsets $A \cup B$, and $support\_count(A)$ is the number of transactions containing the itemset A. Based on this equation, association rules can be generated as follows:

- For each frequent itemset l, generate all nonempty subsets of l.

- For every nonempty subset s of l, output the rule "$s \Rightarrow (l - s)$" if $\frac{support\_count(l)}{support\_count(s)} \geq$ min_conf, where min_conf is the minimum confidence threshold.

Exemplo:

Generating association rules. Let's try an example based on the transactional data for *AllElectronics* shown in Table 5.1. Suppose the data contain the frequent itemset $l = \{I1, I2, I5\}$. What are the association rules that can be generated from l? The nonempty subsets of l are $\{I1, I2\}$, $\{I1, I5\}$, $\{I2, I5\}$, $\{I1\}$, $\{I2\}$, and $\{I5\}$. The resulting association rules are as shown below, each listed with its confidence:

$$I1 \wedge I2 \Rightarrow I5, \qquad confidence = 2/4 = 50\%$$
$$I1 \wedge I5 \Rightarrow I2, \qquad confidence = 2/2 = 100\%$$
$$I2 \wedge I5 \Rightarrow I1, \qquad confidence = 2/2 = 100\%$$
$$I1 \Rightarrow I2 \wedge I5, \qquad confidence = 2/6 = 33\%$$
$$I2 \Rightarrow I1 \wedge I5, \qquad confidence = 2/7 = 29\%$$
$$I5 \Rightarrow I1 \wedge I2, \qquad confidence = 2/2 = 100\%$$

2.5 Exploração de regras de associação multinível:

- Para muitas aplicações, é difícil encontrar associações fortes entre itens de dados a níveis de abstração baixos ou primitivos devido à escassez de dados a esses níveis.

- As associações fortes descobertas a níveis elevados de abstração podem representar conhecimentos de senso comum.

- Por conseguinte, os sistemas de extração de dados devem fornecer capacidades para a extração de regras de associação a vários níveis de abstração, com flexibilidade suficiente para uma fácil passagem entre diferentes espaços de abstração.

- As regras de associação geradas a partir da extração de dados a vários níveis de abstração são designadas por regras de associação de vários níveis ou multiníveis.

- As regras de associação multinível podem ser extraídas de forma eficiente utilizando hierarquias de conceitos num quadro de apoio-confiança.

- Em geral, é utilizada uma estratégia descendente, em que as contagens são acumuladas para o cálculo de conjuntos de itens frequentes em cada nível de conceito, começando no nível de conceito 1 e descendo na hierarquia em direção aos níveis de conceito mais específicos, até não ser possível encontrar mais conjuntos de itens frequentes.

Uma hierarquia de conceitos define uma sequência de mapeamentos de um conjunto de conceitos de baixo nível para conceitos de nível superior e mais gerais. Os dados podem ser generalizados através da substituição de conceitos de baixo nível dentro dos dados pelos seus conceitos de nível superior, ou ancestrais, de uma hierarquia de conceitos.

TID	Items Purchased
T100	IBM-ThinkPad-T40/2373, HP-Photosmart-7660
T200	Microsoft-Office-Professional-2003, Microsoft-Plus!-Digital-Media
T300	Logitech-MX700-Cordless-Mouse, Fellowes-Wrist-Rest
T400	Dell-Dimension-XPS, Canon-PowerShot-S400
T500	IBM-ThinkPad-R40/P4M, Symantec-Norton-Antivirus-2003
...	...

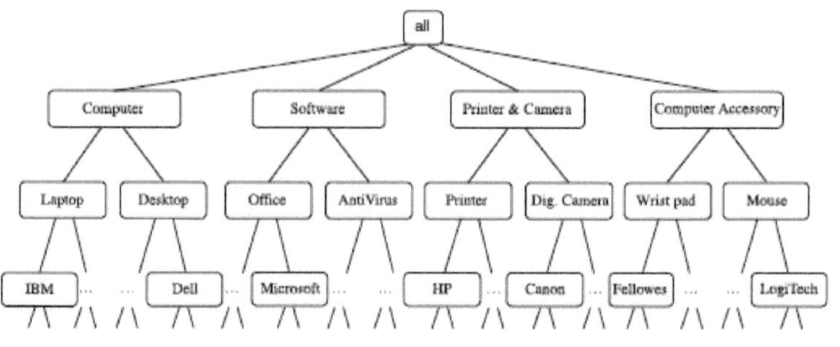

A concept hierarchy for *AllElectronics* computer items.

A hierarquia de conceitos tem cinco níveis, respetivamente designados por níveis 0 a 4, começando com o nível 0 no nó raiz para todos.

- Neste caso, o nível 1 inclui computador, software, impressora e câmara e acessórios de computador. • O nível 2 inclui computador portátil, computador de secretária, software de escritório, software antivírus• O nível 3 inclui computador de secretária IBM, . . . , software de escritório Microsoft, etc.

O nível 4 é o nível de abstração mais específico desta hierarquia.

2.5.1 Abordagens para a mineração de regras de associação multinível:

1. UniformeSuporte mínimo:

- O mesmo limiar de apoio mínimo é utilizado na extração em cada nível de
- abstração. Quando é utilizado um limiar de apoio mínimo uniforme, o
- procedimento de pesquisa é simplificado. O método também é simples, na medida em que os utilizadores só têm de especificar um limiar mínimo de
- apoio.

A abordagem de apoio uniforme tem, no entanto, algumas dificuldades. É pouco provável que os elementos de níveis de abstração inferiores ocorram

- com a mesma frequência que os de níveis de abstração superiores.

Se o limiar mínimo de apoio for demasiado elevado, pode não detetar algumas associações significativas que ocorrem em níveis de abstração baixos. Se o limiar for demasiado baixo, pode gerar muitas associações desinteressantes que ocorrem em níveis de abstração elevados.

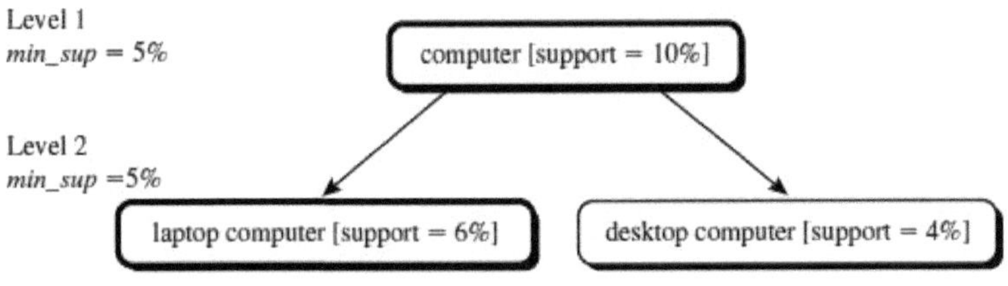

Multilevel mining with uniform support.

2. Apoio mínimo reduzido:

Cada nível de abstração tem o seu próprio limiar mínimo de suporte.

Quanto mais profundo for o nível de abstração, menor será o limiar correspondente.

Por exemplo, os limiares mínimos de apoio para os níveis 1 e 2 são 5% e 3%, respetivamente. Desta forma, -computador,‖ -computador portátil,‖ e -computador de secretária‖ são todos considerados frequentes.

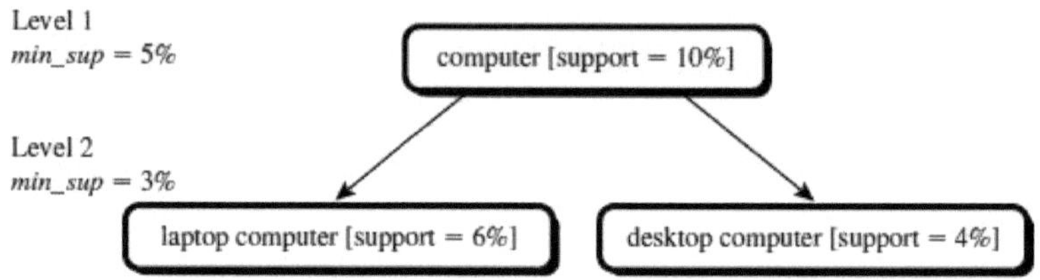

3. Apoio mínimo baseado em grupos:

Uma vez que os utilizadores ou peritos têm muitas vezes uma ideia dos grupos que são mais importantes do que outros, é por vezes mais desejável definir limiares de apoio mínimo específicos do utilizador, do item ou do grupo ao extrair regras multinível.

Por exemplo, um utilizador pode definir os limiares mínimos de suporte com base no preço do produto ou em itens de interesse, por exemplo, definindo limiares de suporte particularmente baixos para computadores portáteis e unidades flash, a fim de prestar especial atenção aos padrões de associação que contêm itens nestas categorias.

2.6 Exploração de regras de associação multidimensionais a partir de bases de dados relacionais e armazéns de dados:

- A regra de associação unidimensional ou intradimensional contém um único predicado distinto (por exemplo, compras) com múltiplas ocorrências, ou seja, o predicado ocorre mais de uma vez na regra.

compra(X, -câmara digital‖)=>compra(X, -impressora HP‖)

- As regras de associação que envolvem duas ou mais dimensões ou predicados podem ser designadas por regras de associação multidimensionais.

idade(X, "20...29")^ocupação(X, "estudante")=>compras(X, "portátil")

- A regra acima contém três predicados (idade, profissão e compras), cada um dos quais ocorre apenas uma vez na regra. Por isso, dizemos que ela tem predicados norepetidos.

- As regras de associação multidimensional sem predicados repetidos são designadas por regras de associação interdimensional.

- Também podemos extrair regras de associação multidimensionais com predicados repetidos, que contêm múltiplas ocorrências de alguns predicados, e que são chamadas regras de associação híbridas-dimensionais. Um exemplo de uma regra deste género é a seguinte, em que o predicado compra é repetido:
age(X, -20...29I)^buys(X, -laptopI)=>buys(X, -HP printerI)

2.7 Exploração de regras de associação quantitativas:

- As regras de associação quantitativas são regras de associação multidimensionais em que os atributos numéricos são discretizados *dinamicamente* durante o processo de extração, de modo a satisfazer alguns critérios de extração, como a maximização da confiança ou a compactação das regras extraídas.

  Nesta secção, concentramo-nos especificamente na forma de extrair regras de associação quantitativas com dois atributos quantitativos no lado esquerdo da regra e um atributo categórico no lado direito da regra. Ou seja
  Aquan1 ^Aquan2 =>*Acat*
  em queAquan1 e Aquan2 são ensaios sobre o atributo quantitativo intervalo
  Um atributo categórico dos dados relevantes para a tarefa.

- Estas regras foram designadas por regras de associação quantitativas bidimensionais, pelo facto de conterem duas dimensões quantitativas.

- Por exemplo, suponha que está curioso sobre a relação de associação entre pares de atributos quantitativos, como a idade e o rendimento do cliente, e o tipo de televisão (como a *televisão de alta definição,* ou seja, *HDTV*) que os clientes gostam de comprar.
  Um exemplo de uma regra de associação quantitativa 2-D é
  idade(X, -30...39I)^rendimento(X, -42K...48KI)=>compras(X, -HDTVI)

2.8 Da extração de associações à análise de correlações:

- Uma medida de correlação pode ser utilizada para aumentar o quadro de apoio-confiança para regras de associação. Isto conduz a *regras de correlação* da forma

  $A=>B$ [*apoio, confiança, correlação*]

- Ou seja, uma regra de correlação é medida não só pelo seu apoio e confiança, mas também pela correlação entre os conjuntos de itens A e B. Há muitas medidas de correlação diferentes que podem ser escolhidas. Nesta secção, estudamos várias medidas de correlação para determinar quais seriam boas para a extração de grandes conjuntos de dados.

- Lift é uma medida de correlação simples que é dada da seguinte forma. A ocorrência do conjunto de itens A é independente da ocorrência do conjunto de itens B se $P(A \cup B) = P(A)P(B)$; caso contrário, os conjuntos de itens A e B são dependentes e estão correlacionados como eventos. Esta definição pode ser facilmente alargada a mais do que dois conjuntos de itens.

  A diferença entre a ocorrência de A e B pode ser medida calculando
  $$lift(A, B) = \frac{P(A \cup B)}{P(A)P(B)}.$$

- Se o lift(A,B) for inferior a 1, então a ocorrência de A está negativamente correlacionada com a ocorrência de B.

- Se o valor resultante for superior a 1, então A e B estão positivamente correlacionados, o que significa que a ocorrência de um implica a ocorrência

- do outro.

  Se o valor resultante for igual a 1, então A e B são independentes e não existe correlação entre eles.

Capítulo 3

Classificação e previsão

3.1 Classificação e Previsão:

- A classificação e a previsão são duas formas de análise de dados que podem ser utilizadas para extrair modelos que descrevem classes de dados importantes
- ou para prever tendências futuras dos dados.

  A classificação prevê rótulos categóricos (discretos, não ordenados), *a previsão* modela funções de valor contínuo.

- Por exemplo, podemos construir um modelo de classificação para classificar os pedidos de empréstimo bancário como seguros ou arriscados, ou um modelo de previsão para prever as despesas de potenciais clientes em
- equipamento informático, tendo em conta o seu rendimento e ocupação.

  É construído um preditor que prevê uma função de valor contínuo, ou valor ordenado, por oposição a um rótulo categórico.

- A análise de regressão é uma metodologia estatística que é mais frequentemente utilizada para a previsão numérica.

- Muitos métodos de classificação e previsão foram propostos por investigadores em aprendizagem automática, reconhecimento de padrões e estatística.

- A maior parte dos algoritmos são residentes na memória, assumindo normalmente uma pequena dimensão dos dados. A investigação recente no domínio da extração de dados baseou-se nesse trabalho, desenvolvendo técnicas de classificação e previsão escaláveis capazes de lidar com grandes dados residentes em disco.

3.1.1 Questões relacionadas com a classificação e a previsão:

1. Preparar os dados para classificação e previsão:

Os seguintes passos de pré-processamento podem ser aplicados aos dados para ajudar a melhorar a exatidão, eficiência e escalabilidade do processo de classificação ou previsão.

(i) Limpeza de dados:

- Refere-se ao pré-processamento dos dados para remover ou reduzir *o ruído* (aplicando técnicas de suavização) e ao tratamento dos *valores em falta* (por exemplo, substituindo um valor em falta pelo valor mais frequente para esse atributo ou pelo valor mais provável com base em estatísticas).

- Embora a maioria dos algoritmos de classificação tenha alguns mecanismos para lidar com dados ruidosos ou em falta, este passo pode ajudar a reduzir a confusão durante a aprendizagem.

(ii) Análise de relevância:

- Muitos dos atributos dos dados podem ser *redundantes*.

- A análise de correlação pode ser utilizada para identificar se dois determinados atributos estão estatisticamente relacionados.

- Por exemplo, uma forte correlação entre os atributos A1 e A2 sugeriria que um dos dois poderia ser retirado da análise posterior.

- Uma base de dados pode também conter atributos *irrelevantes*. A seleção de subconjuntos de atributos pode ser utilizada nestes casos para encontrar um conjunto reduzido de atributos de modo a que a distribuição de probabilidades resultante das classes de dados seja o mais próxima possível da distribuição

- original obtida utilizando todos os atributos.

  Assim, a análise de relevância, sob a forma de análise de correlação e seleção de subconjuntos de atributos, pode ser utilizada para detetar atributos que não contribuem para a tarefa de classificação ou previsão.

- Esta análise pode ajudar a melhorar a eficiência e a escalabilidade da classificação.

(iii) Transformação e redução de dados

- Os dados podem ser transformados por normalização, particularmente quando são utilizadas redes neuronais ou métodos que envolvem medições de

- distância na etapa de aprendizagem.

  A normalização envolve o escalonamento de todos os valores para um determinado atributo, de modo a que fiquem dentro de um pequeno intervalo especificado, como -1 a +1 ou 0 a 1.

- Os dados também podem ser transformados através da sua *generalização* para conceitos de nível superior. Para o efeito, podem ser utilizadas hierarquias de conceitos. Isto é particularmente útil para atributos de valor contínuo.

- Por exemplo, os valores numéricos para o atributo *rendimento* podem ser generalizados para intervalos discretos, tais como *baixo, médio* e *alto*. Da mesma forma, os atributos categóricos, como *rua*, podem ser generalizados
- para conceitos de nível superior, como *cidade*.

  Os dados também podem ser reduzidos através da aplicação de muitos outros métodos, desde a transformação wavelet e a análise de componentes principais até às técnicas de discretização, como o binning, a análise de histogramas e o agrupamento.

3.1.2 Comparação de métodos de classificação e previsão:

> **Exatidão:**

- A precisão de um classificador refere-se à capacidade de um determinado classificador prever corretamente a etiqueta da classe de dados novos ou não vistos anteriormente (ou seja, tuplas sem informação sobre a etiqueta da classe).
- A exatidão de um preditor refere-se à forma como um determinado preditor consegue adivinhar o valor do atributo previsto para dados novos ou não vistos anteriormente.

> **Velocidade:**

Refere-se aos custos computacionais envolvidos na geração e utilização de um determinado classificador ou preditor.

> **Robustez:**

É a capacidade do classificador ou preditor para fazer previsões correctas com dados ruidosos ou com valores em falta.

> **Escalabilidade:**

Refere-se à capacidade de construir o classificador ou preditor de forma eficiente com grandes quantidades de dados.

> **Interpretabilidade:**

- Refere-se ao nível de compreensão e de conhecimento que é fornecido pelo classificador ou preditor.
- A interpretabilidade é subjectiva e, por conseguinte, mais difícil de avaliar.

3.2 Classificação por indução de árvores de decisão:

- A indução de árvores de decisão é a aprendizagem de árvores de decisão a partir de tuplos de treino com etiquetas de classe. • Uma árvore de decisão é uma estrutura em árvore do tipo fluxograma, em que

➤ Cada nó interno indica um teste de um atributo.

➤ Cada ramo representa um resultado do teste.

➤ Cada nó folha contém uma etiqueta de classe.

➤ O nó mais alto de uma árvore é o nó raiz.

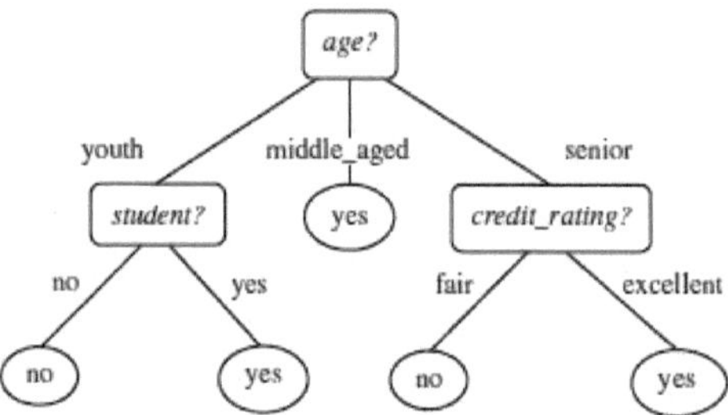

- A construção de classificadores de árvores de decisão não requer qualquer conhecimento do domínio ou definição de parâmetros, pelo que é adequada para a descoberta exploratória de conhecimentos.

- As árvores de decisão podem lidar com dados de elevada dimensão.

- A sua representação do conhecimento adquirido em forma de árvore é intuitiva e geralmente fácil de assimilar pelos seres humanos.

- As etapas de aprendizagem e classificação da indução de árvores de decisão são simples e rápidas. • Em geral, os classificadores de árvores de decisão têm uma boa precisão.

- Os algoritmos de indução de árvores de decisão têm sido utilizados para a classificação em muitas áreas de aplicação, como a medicina, o fabrico e a produção, a análise financeira, a astronomia e a biologia molecular.

3.2.1 Algoritmo para indução de árvores de decisão:

Algorithm: Generate_decision_tree. Generate a decision tree from the training tuples of data partition D.

Input:

- Data partition, D, which is a set of training tuples and their associated class labels;
- *attribute_list*, the set of candidate attributes;
- *Attribute_selection_method*, a procedure to determine the splitting criterion that "best" partitions the data tuples into individual classes. This criterion consists of a *splitting_attribute* and, possibly, either a *split point* or *splitting subset*.

Output: A decision tree.

Method:

```
(1)   create a node N;
(2)   if tuples in D are all of the same class, C then
(3)         return N as a leaf node labeled with the class C;
(4)   if attribute_list is empty then
(5)         return N as a leaf node labeled with the majority class in D; // majority voting
(6)   apply Attribute_selection_method(D, attribute_list) to find the "best" splitting_criterion;
(7)   label node N with splitting_criterion;
(8)   if splitting_attribute is discrete-valued and
            multiway splits allowed then // not restricted to binary trees
(9)         attribute_list ← attribute_list − splitting_attribute; // remove splitting_attribute
(10)  for each outcome j of splitting_criterion
            // partition the tuples and grow subtrees for each partition
(11)        let Dj be the set of data tuples in D satisfying outcome j; // a partition
(12)        if Dj is empty then
(13)              attach a leaf labeled with the majority class in D to node N;
(14)        else attach the node returned by Generate_decision_tree(Dj, attribute_list) to node N;
      endfor
(15)  return N;
```

O algoritmo é chamado com três parâmetros:

➢ Partição de dados

➢ Lista de atributos

➢ Método de seleção de atributos

- O parâmetro attribute list é uma lista de atributos que descrevem as tuplas.

- O método de seleção de atributos especifica um procedimento heurístico para selecionar o atributo que

-bestl discrimina os tuplos dados de acordo com a classe.

- A árvore começa com um único nó, N, que representa os tuplos de treino em D.

- Se os tuplos em *D* forem todos da mesma classe, então o nó *N* torna-se uma folha e é rotulado com essa classe.

  - Todas as condições de terminação são explicadas no final do algoritmo.

- Caso contrário, o algoritmo chama o método de seleção de atributos para determinar o critério de divisão.

- O critério de divisão diz-nos qual o atributo a testar no nó N, determinando a "melhor" forma de separar ou particionar os tuplos em D em classes individuais.

Existem três cenários possíveis: *A* é o atributo de divisão. *A* tem *v* valores distintos, {a1, a2, ... ,*av*}, com base nos dados de treino.

1 A tem um valor discreto:

- Neste caso, os resultados do teste no nó N correspondem diretamente aos valores conhecidos de A.
- É criado um ramo para cada valor conhecido, aj, de A e rotulado com esse
- valor. A não precisa de ser considerado em qualquer futuro particionamento dos tuplos.

2 A tem um valor contínuo:

Neste caso, o teste no nó N tem dois resultados possíveis, correspondentes às condições A <=ponto de rutura e A >ponto de rutura, respetivamente em que o ponto de divisão é o ponto de divisão devolvido pelo método de seleção de atributos como parte d o critério de divisão.

3 A tem um valor discreto e deve ser produzida uma árvore binária:

O teste no nó N é da forma -A€SA?l.
SA é o subconjunto de partição de A, devolvido pelo método de seleção de atributos como parte do critério de partição. É um subconjunto dos valores conhecidos de A.

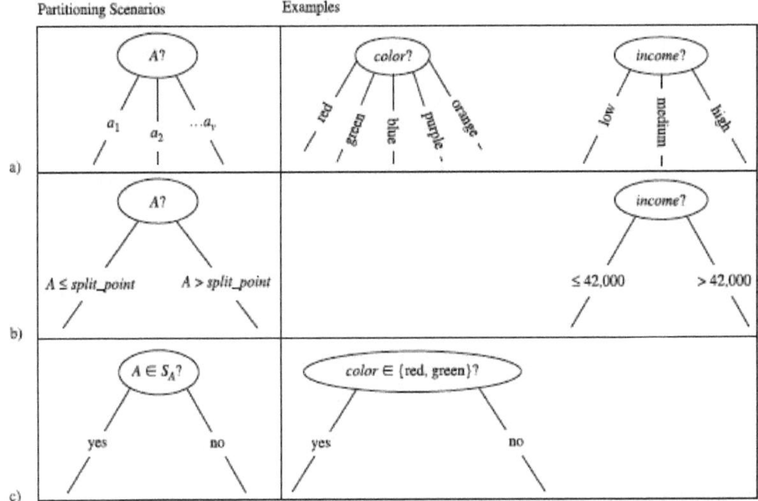

(a) Se A tem valor discreto (b) Se A tem valor contínuo (c) Se A tem valor discreto e
é necessário produzir uma árvore binária:

3.3 Classificação Bayesiana:

- Os classificadores bayesianos são classificadores estatísticos.
- Podem prever as probabilidades de associação a uma classe, como a probabilidade de uma determinada tupla pertencer a uma determinada classe.
- A classificação Bayesiana baseia-se no teorema de Bayes.

3.3.1 Teorema de Bayes:

- Seja X uma tupla de dados. Em termos bayesianos, X é considerado uma "evidência" e é descrito por medições efectuadas num conjunto de n atributos.

- Seja H uma hipótese qualquer, por exemplo, que a tupla de dados X pertence a uma determinada classe C.

- Para os problemas de classificação, pretende-se determinar P(H|X), a probabilidade de a hipótese H ser válida dada a "evidência" ou o conjunto de dados observados X.

- P(H|X) é a probabilidade posterior, ou a probabilidade a posteriori, de H condicionada a X.

- O teorema de Bayes é útil na medida em que fornece uma forma de calcular a probabilidade posterior,

$P(H|X)$, a partir de $P(H)$, $P(X|H)$ e $P(X)$.

$$P(H|X) = \frac{P(X|H)P(H)}{P(X)}.$$

3.3.2 Classificação Bayesiana Naïve:

O classificador Bayesiano ingénuo, ou classificador Bayesiano simples, funciona da seguinte forma:

1.	Seja D um conjunto de treino de tuplas e as suas etiquetas de classe associadas. Como é habitual, cada tuplo é representado por um vetor de atributos n-dimensional, X = (x1, x2, ...,xn), que representa n medições feitas no tuplo a partir de n atributos, respetivamente, A1, A2, ..., An.

2. Suponhamos que existem m classes, C1, C2, ..., Cm. Dada uma tupla, X, o classificador prevê que X pertence à classe com a maior probabilidade posterior, condicionada por X.

Ou seja, o classificador Bayesiano ingénuo prevê que a tupla X pertence à classe Ci se e só se

$$P(C_i|X) > P(C_j|X) \quad \text{for } 1 \leq j \leq m, j \neq i.$$

Assim, maximizamos P(**CijX**). A classeCifpara a qual P(**CijX**) é maximizada é designada por hipótese máxima a posteriori. Pelo teorema de Bayes

$$P(C_i|X) = \frac{P(X|C_i)P(C_i)}{P(X)}.$$

3. Como P(X) é constante para todas as classes, só é necessário maximizar P(X|Ci)P(Ci). Se a classe

se as probabilidades prévias não forem conhecidas, assume-se normalmente que as classes são igualmente prováveis, ou seja, P(C1) = P(C2) = ...= P(Cm), pelo que se maximizaria P(X|Ci).

Caso contrário, maximiza-se P(X|Ci)P(Ci).

4.	Tendo em conta os conjuntos de dados com muitos atributos, o cálculo de P(X|Ci) seria extremamente dispendioso do ponto de vista computacional. A fim de reduzir a computação na avaliação de P(X|Ci), é feita a suposição ingénua de independência condicional da classe. Isto pressupõe que os valores dos atributos são condicionalmente independentes uns dos outros, dada a etiqueta de classe da tupla. Assim,

$$
\begin{aligned}
P(X|C_i) &= \prod_{k=1}^{n} P(x_k|C_i) \\
&= P(x_1|C_i) \times P(x_2|C_i) \times \cdots \times P(x_n|C_i).
\end{aligned}
$$

Podemos facilmente estimar as probabilidades $P(x1|Ci)$, $P(x2|Ci)$, : : : , $P(xn|Ci)$ a partir das amostras de treino. Para cada atributo, verificamos se o atributo é categórico ou de valor contínuo. Por exemplo, para calcular $P(X|Ci)$, consideramos o seguinte:

➢ Se A_k for categórica, então $P(x_k|Ci)$ é o número de tuplos da classe Ci em D que têm o valor

x_k para A_k, dividido por $|C,_{iD}|$ o número de tuplas da classe C_i em D.

➢ Se A_k tiver um valor contínuo, é necessário um pouco mais de trabalho, mas o cálculo é bastante simples.

Um atributo de valor contínuo é normalmente considerado como tendo uma distribuição gaussiana com uma média μ e um desvio-padrão , definido por

$$
g(x, \mu, \sigma) = \frac{1}{\sqrt{2\pi}\sigma} e^{-\frac{(x-\mu)^2}{2\sigma^2}},
$$

$$
P(x_k|C_i) = g(x_k, \mu_{C_i}, \sigma_{C_i}).
$$

5.	Para prever a etiqueta de classe de X, $P(XjCi)P(Ci)$ é avaliado para cada classe Ci. O classificador prevê que a etiqueta de classe da tupla X é a classe $Cise$ e só se

$$
P(X|C_i)P(C_i) > P(X|C_j)P(C_j) \quad \text{for } 1 \leq j \leq m, j \neq i.
$$

3.4 Uma rede neural multicamada feed-forward:

- O algoritmo de retropropagação efectua a aprendizagem numa rede neurál multicamada feed-forward.

- Aprende iterativamente um conjunto de pesos para prever a etiqueta da classe dos tuplos.

- Uma rede neural multicamada feed-forward é constituída por uma camada de entrada, uma ou mais camadas ocultas e uma camada de saída.

Exemplo:

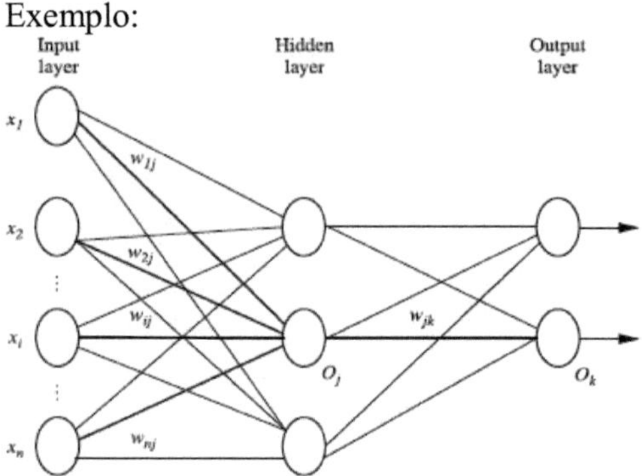

- As entradas da rede correspondem aos atributos medidos para cada tupla de treino. As entradas são introduzidas simultaneamente nas unidades que constituem a camada de entrada. Estas entradas passam pela camada de entrada e são depois ponderadas e alimentadas simultaneamente numa segunda
- camada, designada por camada oculta.

  As saídas das unidades da camada oculta podem ser introduzidas noutra camada oculta, e assim por diante. O número de camadas ocultas é arbitrário.
- As saídas ponderadas da última camada oculta são introduzidas nas unidades que constituem a camada de saída, que emite a previsão da rede para determinados tuplos

3.4.1 Classificação por retropropagação:

- O Backpropagation é um algoritmo de aprendizagem de redes neurais.
- Uma rede neuronal é um conjunto de unidades de entrada/saída ligadas entre si, em que cada ligação tem um peso associado.
- Durante a fase de aprendizagem, a rede aprende ajustando os pesos de modo a poder prever a etiqueta de classe correcta dos tuplos de entrada.
- A aprendizagem em redes neuronais é também designada por aprendizagem conexionista devido às ligações entre unidades.

- As redes neuronais implicam tempos de treino longos, pelo que são mais adequadas para aplicações em que tal seja viável.

- A retropropagação aprende através do processamento iterativo de um conjunto de dados de tuplas de treino, comparando a previsão da rede para cada tupla com o valor-alvo real conhecido.

- O valor alvo pode ser a etiqueta da classe conhecida da tupla de treino (para problemas de classificação) ou um valor contínuo (para previsão).

- Para cada conjunto de treino, os pesos são modificados de forma a minimizar o erro quadrático médio entre a previsão da rede e o valor real do objetivo. Estas modificações são feitas na direção "para trás", ou seja, a partir da camada de saída, através de cada camada oculta até à primeira camada oculta, daí o nome retropropagação.

- Embora não seja garantido, em geral os pesos acabam por convergir e o processo de aprendizagem pára.

Vantagens:

- Entre elas contam-se a sua elevada tolerância a dados ruidosos e a sua capacidade de classificar padrões para os quais não foram treinados.

- Podem ser utilizadas quando o utilizador tem pouco conhecimento das relações entre atributos e classes.

- São adequados para entradas e saídas de valor contínuo, ao contrário da maioria dos algoritmos de árvores de decisão.

- Foram bem sucedidos numa vasta gama de dados do mundo real, incluindo o reconhecimento de caracteres manuscritos, patologia e medicina laboratorial, e o treino de um computador para pronunciar texto em inglês.

- Os algoritmos de redes neuronais são inerentemente paralelos; podem ser utilizadas técnicas de paralelização para acelerar o processo de computação.

Processo:

Inicializar os pesos:

Os pesos da rede são inicializados com pequenos números aleatórios variando de 1,0 a 1,0, ou -0,5 a 0,5. Cada unidade tem um *desvio* associado a ela. As polarizações são inicializadas de forma semelhante com pequenos números aleatórios.

Cada tupla de treino, *X*, é processada pelas seguintes etapas.

Propagar os contributos para a frente:

Primeiro, a tupla de treinamento é alimentada na camada de entrada da rede. As entradas passam pelas unidades de entrada, sem alterações. Ou seja, para uma unidade de *entradaj*, sua saída, *Oj*, é igual ao seu valor de entrada, *Ij*. Em seguida, são calculadas a entrada e a saída líquidas de cada unidade nas camadas oculta e de saída. A entrada líquida para uma unidade nas camadas oculta ou de saída é calculada como uma combinação linear das suas entradas. Cada uma dessas unidades tem um número de entradas que são, de facto, as saídas das unidades que lhe estão ligadas na camada anterior. Cada ligação tem um peso. Para calcular a entrada líquida para a unidade, cada entrada conectada à unidade é multiplicada pelo seu peso correspondente, e isso é somado.

$$I_j = \sum_i w_{ij}O_i + \theta_j,$$

em que$w_{i,j}$ é o peso da ligação da unidade i da camada anterior à unidade j; O_i é a saída da unidade if da camada anterior

θ_jé a polarização da unidade e funciona como um limiar, na medida em que serve para variar a atividade da unidade.

Cada unidade nas camadas oculta e de saída recebe a sua entrada de rede e aplica-lhe uma função de ativação.

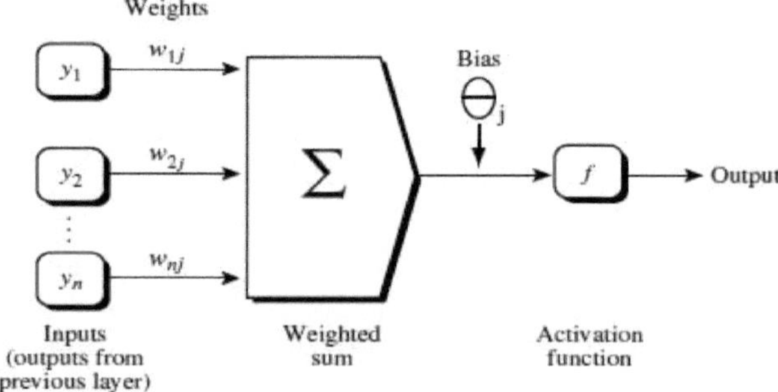

Reproduzir o erro:

O erro é propagado para trás, actualizando os pesos e as polarizações para refletir o erro da previsão da rede. Para uma unidade *j* na camada de saída, o erro Err_j é calculado por

$$Err_j = O_j(1 - O_j)(T_j - O_j)$$

em que O_j é a produção efectiva da unidade j e T_j é o valor-alvo conhecido da tupla de formação dada.

O erro de uma unidade de camada oculta *j* é
$$Err_j = O_j(1 - O_j) \sum_k Err_k w_{jk}.$$

em que w_{jk} é o peso da ligação da unidade j a uma unidade k na camada superior seguinte e Err_k é o erro da unidade k.

Os pesos são actualizados pelas seguintes equações, em que Dwi *j* é a alteração do peso w_{ij} :
$$\Delta w_{ij} = (l)Err_j O_i$$

$$w_{ij} = w_{ij} + \Delta w_{ij}$$

Os desvios são actualizados através das seguintes equações
$$\Delta\theta_j = (l)Err_j$$

$$\theta_j = \theta_j + \Delta\theta_j$$

Algoritmo:

Input:

- D, a data set consisting of the training tuples and their associated target values;
- l, the learning rate;
- *network*, a multilayer feed-forward network.

Output: A trained neural network.

Method:

```
(1)   Initialize all weights and biases in network;
(2)   while terminating condition is not satisfied {
(3)        for each training tuple X in D {
(4)             // Propagate the inputs forward:
(5)             for each input layer unit j {
(6)                  Oj = Ij; // output of an input unit is its actual input value
(7)             for each hidden or output layer unit j {
(8)                  Ij = Σi wij Oi + θj; //compute the net input of unit j with respect to the
                          previous layer, i
(9)                  Oj = 1/(1+e^-Ij); } // compute the output of each unit j
(10)            // Backpropagate the errors:
(11)            for each unit j in the output layer
(12)                 Errj = Oj(1 - Oj)(Tj - Oj); // compute the error
(13)            for each unit j in the hidden layers, from the last to the first hidden layer
(14)                 Errj = Oj(1 - Oj) Σk Errk wjk; // compute the error with respect to the
                          next higher layer, k
(15)            for each weight wij in network {
(16)                 Δwij = (l)Errj Oi; // weight increment
(17)                 wij = wij + Δwij; } // weight update
(18)            for each bias θj in network {
(19)                 Δθj = (l)Errj; // bias increment
(20)                 θj = θj + Δθj; } // bias update
(21)       } }
```

3.5 Classificador k-Nearest-Neighbor:

- Os classificadores do vizinho mais próximo baseiam-se na aprendizagem por analogia, ou seja, na comparação de uma determinada tupla de teste com tuplas de treino que lhe são semelhantes.

- As tuplas de treino são descritas por n atributos. Cada tupla representa um ponto num espaço n-dimensional. Desta forma, todos os tuplos de treino são armazenados num espaço padrão *n-dimensional*. Quando é dada uma tupla desconhecida, um classificador **k-vizinho mais próximo** procura no espaço de padrões as k *tuplas de* treino que estão mais próximas da tupla desconhecida. Estas k tuplas de treino são os k vizinhos mais próximos da tupla desconhecida.

- A proximidade é definida em termos de uma métrica de distância, como a distância euclidiana.

- A distância euclidiana entre dois pontos ou tuplos, digamos, $X_1 = (x_{11}, x_{12}, \ldots, x_{1n})$ e

$X_2 = (x_{21}, x_{22}, \ldots, x_{2n})$, é

$$dist(X_1, X_2) = \sqrt{\sum_{i=1}^{n} (x_{1i} - x_{2i})^2}.$$

Por outras palavras, para cada atributo numérico, tomamos a diferença entre os valores correspondentes desse atributo na tupla X_1 e na tupla X_2, elevamos essa diferença ao quadrado e acumulamo-la.

A raiz quadrada é tirada da contagem total de distâncias acumuladas.

A normalização Mín-Máx. pode ser utilizada para transformar o valor v de um atributo numérico A para v_0 no intervalo [0, 1], calculando

$$v' = \frac{v - min_A}{max_A - min_A};$$

em que min_A e max_A são os valores mínimo e máximo do atributo A

- Para a classificação *dos k-vizinhos* mais *próximos*, é atribuída à tupla desconhecida a classe mais comum entre os seus k vizinhos mais próximos.

- Quando $k = 1$, é atribuída à tupla desconhecida a classe da tupla de treino que lhe está mais próxima no espaço de padrões.

- Os classificadores do vizinho mais próximo também podem ser utilizados para previsão, ou seja, para devolver uma previsão de valor real para uma

- determinada tupla desconhecida.

Neste caso, o classificador devolve o valor médio dos rótulos de valor real associados aos k vizinhos mais próximos da tupla desconhecida.

3.6 Outros métodos de classificação:

3.6.1 Algoritmos genéticos:

Os algoritmos genéticos tentam incorporar ideias de evolução natural. Em geral, a aprendizagem genética começa da seguinte forma.

- É criada uma população inicial constituída por regras geradas aleatoriamente. Cada regra pode ser representada por uma cadeia de bits. Como exemplo simples, suponha-se que as amostras de uma determinada são descritos por dois atributos booleanos, A1 e A2, e que existem duas classes, C_1 e C_2 .

- A regra -IF A_1 ANDNOT A_2 THENC_2 I pode ser codificada como a cadeia de bits -100,I em que os dois bits mais à esquerda representam os atributos A_1 e A_2 , respetivamente, e o bit mais à direita representa a classe.

  - Da mesma forma, a regra -IF NOT A_1 AND NOT A_2 THEN C_1 I pode ser codificada como -001.I

- Se um atributo tiver k valores, em que k > 2, podem ser utilizados k bits para codificar os valores do atributo.

  As classes podem ser codificadas de forma semelhante.

- Com base na noção de sobrevivência do mais apto, é formada uma nova população que consiste nas regras mais aptas da população atual, bem como na descendência dessas regras.

- Normalmente, a aptidão de uma regra é avaliada pela sua precisão de classificação num conjunto de amostras de treino.

  - A descendência é criada através da aplicação de operadores genéticos como o cruzamento e a mutação. • No cruzamento, as substrings de pares de regras são trocadas para formar novos pares de regras. • Na mutação, os bits seleccionados aleatoriamente na cadeia de uma regra são invertidos.

- O processo de geração de novas populações com base em populações anteriores de regras continua até que uma população, P, evolua onde cada regra em P satisfaz um limiar de aptidão pré especificado.

- Os algoritmos genéticos são facilmente paralelizáveis e têm sido utilizados para a classificação, bem como para outros problemas de otimização. Na extração de dados, podem ser utilizados para avaliar a aptidão de outros algoritmos.

3.6.2   Abordagens de conjuntos difusos:

- A lógica difusa utiliza valores de verdade entre 0,0 e 1,0 para representar o grau de afiliação que um determinado valor tem numa dada categoria. Cada categoria representa então um conjunto difuso.

- Os sistemas de lógica difusa fornecem normalmente ferramentas gráficas para ajudar os utilizadores a converter valores de atributos em valores de verdade difusos.

- A teoria dos conjuntos difusos é também conhecida como teoria da possibilidade.

- Foi proposta por LotfiZadeh em 1965 como uma alternativa à lógica tradicional de dois valores e à teoria das probabilidades.

- Permite-nos trabalhar a um nível elevado de abstração e oferece um meio de lidar com medições imprecisas de dados.

  - Mais importante ainda, a teoria dos conjuntos difusos permite-nos lidar com factos vagos ou inexactos.

- Ao contrário da noção de conjuntos tradicionais "crocantes", em que um elemento pertence a um conjunto S ou ao seu complemento, na teoria dos conjuntos difusos, os elementos podem pertencer a mais do que um conjunto difuso.

  - A teoria dos conjuntos difusos é útil para os sistemas de extração de dados que efectuam a classificação baseada em regras. • Fornece operações para combinar medidas difusas.

- Existem vários procedimentos para traduzir a saída fuzzy resultante num valor *defuzzificado ou* estaladiço que é devolvido pelo sistema.

- Os sistemas de lógica difusa têm sido utilizados em numerosas áreas de classificação, incluindo estudos de mercado, finanças, cuidados de saúde e engenharia ambiental.

Exemplo:

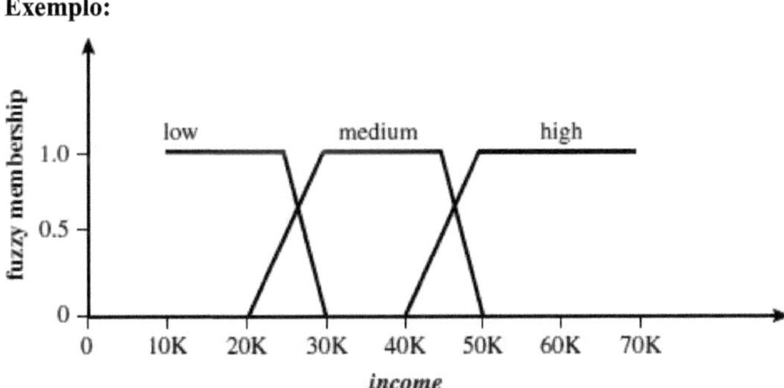

3.7 Análise de regressão:

- A análise de regressão pode ser utilizada para modelar a relação entre uma ou mais variáveis independentes ou preditoras e uma variável dependente ou de resposta que tenha um valor contínuo.

- No contexto da extração de dados, as variáveis preditoras são os atributos de interesse que descrevem a tupla (ou seja, que constituem o vetor de atributos).

= Em geral, os valores das variáveis preditoras são conhecidos.

- A variável de resposta é o que queremos prever.

3.7.1 Regressão Linear:

- A análise de regressão linear envolve uma variável de resposta, y, e uma única variável de previsão x.

  - É a forma mais simples de regressão e modela y como uma função linear de x.

  Ou seja, $y = b + wx$

  em que se assume que a variância de y é constante

  são coeficientes de regressão que especificam a intersecção Y e o declive da reta.

- Os coeficientes de regressão, w e b, também podem ser considerados como pesos, pelo que podemos escrever de forma equivalente, $y = w_0 + w_1 x$

- Estes coeficientes podem ser resolvidos pelo método dos mínimos quadrados, que estima a reta de melhor ajuste como a que minimiza o erro entre os dados reais e a estimativa da reta.

- Seja D um conjunto de treino constituído por valores da variável preditora, x, para uma determinada população e os respectivos valores associados à variável de resposta, y. O conjunto de treino contém pontos de dados $|D|$ *com* a forma $(x_1, y_1), (x_2, y_2), \ldots, (x_{|D|}, y_{|D|})$.

  Os coeficientes de regressão podem ser estimados utilizando este método com as seguintes equações:

$$w_1 = \frac{\sum_{i=1}^{|D|}(x_i - \bar{x})(y_i - \bar{y})}{\sum_{i=1}^{|D|}(x_i - \bar{x})^2}$$

$$w_0 = \bar{y} - w_1\bar{x}$$

em que x é o valor médio de $x_1, x_2, \ldots, x_{|D|}$, e y é o valor médio de $y_1, y_2, \ldots, y_{|D|}$. Os coeficientes w_0 e w_1 fornecem frequentemente boas aproximações a equações de regressão complicadas.

3.7.2 Regressão Linear Múltipla:

- É uma extensão da regressão linear de modo a envolver mais do que uma variável preditora.

- Permite que a variável de resposta y seja modelada como uma função linear de, digamos, n variáveis de previsão ou atributos, A_1 , A_2 , ..., An, descrevendo uma tupla, X.

- Um exemplo de um modelo de regressão linear múltipla baseado em dois atributos ou variáveis preditoras, A_1 e A_2 , é $y = w + w x + w x_{01122}$ em que x_1 e x_2 são os valores dos atributos A_1 e A_2 , respetivamente, em X.

- Os problemas de regressão múltipla são normalmente resolvidos com a utilização de pacotes de software estatístico, como o SAS, o SPSS e o S-Plus.

3.7.3 Regressão não linear:

- Pode ser modelado através da adição de termos polinomiais ao modelo linear básico.

- Aplicando transformações às variáveis, podemos converter o modelo não linear num modelo linear que pode então ser resolvido pelo método dos mínimos quadrados.

- A regressão polinomial é um caso especial de regressão múltipla. Ou seja, a adição de termos de ordem superior como x^2 , x^3 , etc., que são funções simples da variável única, x, pode ser considerada equivalente à adição de novas variáveis independentes.

  Transformação de um modelo de regressão polinomial num modelo de regressão linear:

  Considere-se uma relação polinomial cúbica dada por

  $$y = w + w x + w x + w x_{012233}$$

  Para converter esta equação para a forma linear, definimos novas variáveis:

  $$x_1 = x, \ x_2 = x^2 , x_3 = x^3$$

  Pode então ser convertido em forma linear aplicando as atribuições acima,

  resultando na equação $y = w + w x + w x + w x_{012233}$

  que é facilmente resolvido pelo método dos mínimos quadrados utilizando um software de análise de regressão.

3.8 Precisão do classificador:

- A precisão de um classificador num determinado conjunto de teste é a percentagem de tuplas do conjunto de teste que são corretamente classificadas pelo classificador.

- Na literatura sobre reconhecimento de padrões, isto também é referido como a taxa de reconhecimento global do classificador, ou seja, reflecte a forma como o classificador reconhece os tuplos das várias classes.

- A taxa de erro ou taxa de classificação incorrecta de um classificador,M, que é simplesmente 1-Acc(M), em que Acc(M) é a precisão de M.
- A matriz de confusão é uma ferramenta útil para analisar a capacidade do classificador de reconhecer tuplas de diferentes classes.

  - Os verdadeiros positivos referem-se aos tuplos positivos que foram corretamente identificados pelo classificador. • Os verdadeiros negativos são os tuplos negativos que foram corretamente identificados pelo classificador.

  - Os falsos positivos são os tuplos negativos que foram incorretamente rotulados.

- A capacidade de reconhecimento do classificador, para o que podem ser utilizadas medidas de sensibilidade e especificidade.

  A exatidão é uma função da sensibilidade e da especificidade.

$$accuracy = sensitivity\frac{pos}{(pos+neg)} + specificity\frac{neg}{(pos+neg)}.$$

$$sensitivity = \frac{t\_pos}{pos}$$

$$specificity = \frac{t\_neg}{neg}$$

$$precision = \frac{t\_pos}{(t\_pos + f\_pos)}$$

em queet _posis o número de verdadeiros positivos posis o número de tuplos positivos

t _negis o número de verdadeiros negativos negis o número de tuplos negativos, f _posis o número de falsos positivos

Capítulo 4

Análise de clusters

4.1 Análise de clusters:

- O processo de agrupamento de um conjunto de objectos físicos ou abstractos em classes de objectos semelhantes é designado por clustering.

- Um cluster é um conjunto de objectos de dados que são semelhantes entre si dentro do mesmo cluster e que são diferentes dos objectos de outros clusters.

- Um agrupamento de objectos de dados pode ser tratado coletivamente como um grupo e, por isso, pode ser considerado como uma forma de compressão de dados.

- As ferramentas de análise de clusters baseadas em k-means, k-medoids e vários métodos foram também integradas em muitos pacotes ou sistemas de software de análise estatística, como o S-Plus, o SPSS e o SAS.

4.1.1 Aplicações:

- A análise de clusters tem sido amplamente utilizada em inúmeras aplicações, incluindo estudos de mercado, reconhecimento de padrões, análise de dados e processamento de imagens.

- Nas empresas, o agrupamento pode ajudar os profissionais de marketing a descobrir grupos distintos nas suas bases de clientes e a caraterizar grupos de clientes com base em padrões de compra.

- Em biologia, pode ser utilizado para derivar taxonomias de plantas e animais, categorizar genes com funcionalidade semelhante e obter informações sobre as estruturas inerentes às populações.

- A agregação pode também ajudar na identificação de áreas de utilização semelhante do solo numa base de dados de observação da terra e na identificação de grupos de casas numa cidade de acordo com o tipo de casa, o valor e a localização geográfica, bem como na identificação de grupos de detentores de apólices de seguro automóvel com um custo médio de sinistro elevado.

- Em algumas aplicações, o agrupamento é também designado por segmentação de dados, uma vez que divide grandes conjuntos de dados em grupos de acordo com a sua *semelhança*.

- O agrupamento também pode ser utilizado para a deteção de anomalias. As aplicações da deteção de anomalias incluem a deteção de fraudes com cartões de crédito e a monitorização de actividades criminosas no comércio eletrónico.

4.1.2 Requisitos típicos de clustering em mineração de dados:

➢ **Escalabilidade:**

Muitos algoritmos de agrupamento funcionam bem em pequenos conjuntos de dados que contêm menos de várias centenas de objectos de dados; no entanto, uma grande base de dados pode conter milhões de objectos. O agrupamento numa amostra de um determinado conjunto de dados de grande dimensão pode conduzir a resultados enviesados.

São necessários algoritmos de agrupamento altamente escaláveis.

➢ **Capacidade de lidar com diferentes tipos de atributos:**

Muitos algoritmos são concebidos para agrupar dados baseados em intervalos (numéricos). No entanto, as aplicações podem exigir o agrupamento de outros tipos de dados, tais como dados binários, categóricos (nominais) e ordinais, ou misturas destes tipos de dados.

➢ **Descoberta de clusters com forma arbitrária:**

Muitos algoritmos de agrupamento determinam os agrupamentos com base em medidas de distância euclidianas ou de Manhattan. Os algoritmos baseados nessas medidas de distância tendem a encontrar agrupamentos esféricos com tamanho e densidade semelhantes.

No entanto, um agregado pode ter qualquer forma. É importante desenvolver algoritmos que possam detetar agregados de forma arbitrária.

➢ **Requisitos mínimos de conhecimento do domínio para determinar os parâmetros de entrada:**

Muitos algoritmos de agrupamento exigem que os utilizadores introduzam determinados parâmetros na análise de agrupamentos (como o número de agrupamentos pretendidos). Os resultados do agrupamento podem ser bastante sensíveis aos parâmetros de entrada. Os parâmetros são muitas vezes difíceis de determinar, especialmente para conjuntos de dados que contêm objectos de elevada dimensão. Isto não só sobrecarrega os utilizadores, como também torna a qualidade do agrupamento difícil de controlar.

➢ **Capacidade para lidar com dados ruidosos:**

A maior parte das bases de dados do mundo real contém dados anómalos ou em falta, desconhecidos ou erróneos.

Alguns algoritmos de agrupamento são sensíveis a esses dados e podem dar origem a agrupamentos de fraca qualidade.

➢ **Agrupamento incremental e insensibilidade à ordem dos registos de entrada:**

Alguns algoritmos de agrupamento não podem incorporar dados recém-inseridos (ou seja, actualizações da base de dados) em estruturas de agrupamento existentes e, em vez disso, devem determinar um novo agrupamento a partir do zero. Alguns algoritmos de agrupamento são sensíveis à ordem dos dados de entrada.

Ou seja, dado um conjunto de objectos de dados, esse algoritmo pode produzir agrupamentos dramaticamente diferentes, dependendo da ordem de apresentação dos objectos de entrada.

É importante desenvolver algoritmos de agrupamento incrementais e algoritmos que não sejam sensíveis à ordem de entrada.

➢ **Elevada dimensionalidade:**

Uma base de dados ou um armazém de dados pode conter várias dimensões ou atributos. Muitos algoritmos de agrupamento são bons a lidar com dados de baixa dimensão, envolvendo apenas duas a três dimensões. Os olhos humanos são bons a avaliar a qualidade do agrupamento até três dimensões. Encontrar agrupamentos de objectos de dados no espaço de alta dimensão é um desafio, especialmente considerando que esses dados podem ser esparsos e altamente enviesados.

➢ **Agrupamento baseado em restrições:**

As aplicações do mundo real podem necessitar de efetuar o agrupamento sob vários tipos de restrições. Suponha que a sua tarefa é escolher os locais para um determinado número de novas máquinas bancárias automáticas (ATMs) numa cidade. Para o fazer, pode agrupar agregados familiares tendo em conta restrições como as redes de rios e auto-estradas da cidade e o tipo e número de clientes por agregado. Uma tarefa desafiadora é encontrar grupos de dados com bom comportamento de agrupamento que satisfaçam as restrições especificadas.

➢ **Interpretabilidade e facilidade de utilização:**

Os utilizadores esperam que os resultados dos agrupamentos sejam interpretáveis, compreensíveis e utilizáveis. Ou seja, o agrupamento pode ter de estar ligado a interpretações e aplicações semânticas específicas. É importante estudar a forma como um objetivo de aplicação pode influenciar a seleção de características e métodos de agrupamento.

4.2 Principais métodos de agrupamento:

- ➤ Métodos de partição
- ➤ Métodos hierárquicos
- ➤ étodos baseados na densidade
- ➤ Métodos baseados em grelha
- ➤ Métodos baseados em modelos

4.2.1 Métodos de partição:

Um método de particionamento constrói k partições dos dados, em que cada partição representa um cluster e $k <= n$. Ou seja, classifica os dados em k grupos que, em conjunto, satisfazem os seguintes requisitos

• Cada grupo deve conter pelo menos um objeto, e• Cada objeto deve pertencer exatamente a um grupo.

 Um método de particionamento cria um particionamento inicial. Em seguida, utiliza uma técnica de recolocação iterativa que tenta melhorar o particionamento movendo objectos de um grupo para outro.

O critério geral de um bom particionamento é que os objectos do mesmo cluster estão próximos ou relacionados entre si, enquanto os objectos de clusters diferentes estão afastados ou são muito diferentes.

4.2.2 Métodos hierárquicos:

Um método hierárquico cria uma decomposição hierárquica de um determinado conjunto de objectos de dados. Um método hierárquico pode ser classificado como sendo aglomerativo ou divisivo, com base na forma como a decomposição hierárquica é formada.

❖ A abordagem aglomerativa, também designada por abordagem ascendente, começa com cada objeto a formar um grupo separado. Procede-se à fusão sucessiva dos objectos ou grupos que se encontram próximos uns dos outros, até que todos os grupos se fundam num só ou até que se verifique uma condição de terminação.

❖ A abordagem divisiva, também designada por abordagem descendente, começa com todos os objectos no mesmo agrupamento. Em cada iteração sucessiva, um cluster é dividido em clusters mais pequenos, até que, eventualmente, cada objeto esteja num cluster, ou até que se verifique uma condição de terminação.

Os métodos hierárquicos sofrem com o facto de que, uma vez concluído um passo (fusão ou divisão), este nunca pode ser desfeito. Esta rigidez é útil na medida em que conduz a custos de computação mais baixos por não ter de se preocupar com um número combinatório de escolhas diferentes.

Existem duas abordagens para melhorar a qualidade do agrupamento hierárquico:

❖ Efetuar uma análise cuidadosa das "ligações" dos objectos em cada partição hierárquica, como no Chameleon, ou

❖ Integrar a aglomeração hierárquica e outras abordagens, começando por utilizar um algoritmo hierárquico-aglomerativo para agrupar objectos em microaglomerados e, em seguida, efetuar uma macroaglomeração nos microaglomerados utilizando outro método de aglomeração, como a recolocação iterativa.

4.2.3 Métodos baseados na densidade:

❖ A maioria dos métodos de partição agrupa objectos com base na distância entre objectos. Estes métodos só conseguem encontrar agrupamentos de forma esférica e têm dificuldade em descobrir agrupamentos de formas arbitrárias.

❖ Outros métodos de agrupamento foram desenvolvidos com base na noção de densidade. A sua ideia geral é continuar a fazer crescer um determinado agrupamento enquanto a densidade na vizinhança exceder um determinado limiar; ou seja, para cada ponto de dados num determinado agrupamento, a vizinhança de um determinado raio tem de conter pelo menos um número mínimo de pontos. Este método pode ser utilizado para filtrar o ruído (outliers) e descobrir agregados de forma arbitrária.

❖ O DBSCAN e a sua extensão, o OPTICS, são métodos típicos baseados na densidade, que criam agrupamentos de acordo com uma análise de conetividade baseada na densidade. DENCLUE é um método que agrupa objectos com base na análise das distribuições de valores das funções de densidade.

4.2.4 Métodos baseados em grelha:

❖ Os métodos baseados em grelha quantificam o espaço do objeto num número finito de células que formam uma estrutura de grelha.

❖ Todas as operações de agrupamento são efectuadas na estrutura da grelha, ou seja, no espaço quantizado. A principal vantagem desta abordagem é o seu rápido tempo de processamento, que normalmente é independente do número de objectos de dados e depende apenas do número de células em cada dimensão do espaço quantizado.

❖ O STING é um exemplo típico de um método baseado em grelha. O Wave Cluster aplica a transformação wavelet para análise de agrupamento e é baseado em grelha e densidade.

4.2.5 Métodos baseados em modelos:

❖ Os métodos baseados em modelos colocam a hipótese de um modelo para cada um dos clusters e encontram o melhor ajuste dos dados ao modelo dado.

❖ Um algoritmo baseado em modelos pode localizar clusters através da construção de uma função de densidade que reflecte a distribuição espacial dos pontos de dados.

❖ Também conduz a uma forma de determinar automaticamente o número de agregados com base em estatísticas padrão, tendo em conta o "ruído" ou os valores anómalos e produzindo assim métodos de agregação robustos.

4.3 Tarefas na extração de dados:

➢ Agrupamento de dados de alta dimensão

➢ Agrupamento baseado em restrições

4.3.1 Agrupamento de dados de alta dimensão:

• É uma tarefa particularmente importante na análise de clusters porque muitas aplicações requerem a análise de objectos que contêm um grande número de características ou dimensões.

• Por exemplo, os documentos de texto podem conter milhares de termos ou palavras-chave como características, e os dados de microarranjos de ADN podem fornecer informações sobre os níveis de expressão de milhares de genes em centenas de condições.

- O agrupamento de dados de elevada dimensão é um desafio devido à maldição da dimensionalidade. • Muitas dimensões podem não ser relevantes. À medida que o número de dimensões aumenta,

os dados tornam-se cada vez mais esparsos, pelo que a medição da distância entre pares de pontos deixa de fazer sentido e a densidade média dos pontos em qualquer parte dos dados é provavelmente baixa. Por conseguinte, é necessário desenvolver uma metodologia de agrupamento diferente para dados de elevada dimensão.

- CLIQUE e PROCLUS são dois métodos de agrupamento de subespaços influentes, que procuram agrupamentos em subespaços dos dados, em vez de em todo o espaço de dados.

- O agrupamento baseado em padrões frequentes, outra metodologia de agrupamento, extrai padrões frequentes distintos entre subconjuntos de dimensões que ocorrem frequentemente. Utiliza esses padrões para agrupar objectos e gerar clusters com significado.

4.3.2 Agrupamento baseado em restrições:

- É uma abordagem de agrupamento que efectua o agrupamento através da incorporação de restrições especificadas pelo utilizador ou orientadas para a aplicação.

- Uma restrição exprime as expectativas de um utilizador ou descreve as propriedades dos resultados de agrupamento desejados e fornece um meio eficaz de comunicação com o processo de agrupamento.

- Podem ser especificados vários tipos de restrições, quer por um utilizador, quer de acordo com os requisitos da aplicação.

- O agrupamento espacial emprega a existência de obstáculos e o agrupamento sob restrições especificadas pelo utilizador. Para além disso, o agrupamento semi-supervisionado utiliza restrições por pares para melhorar a qualidade do agrupamento resultante.

4.4 Métodos clássicos de partição:

Os métodos de partição mais conhecidos e mais utilizados são

- ❖ O método k-Means

❖ Método k-Medoids

4.4.1 Técnica baseada no centroide: O método K-Means:

O algoritmo k-means utiliza o parâmetro de entrada, k, e divide um conjunto de n objectos emk clusters de modo a que a semelhança intracluster resultante seja elevada mas a semelhança intercluster seja baixa.

A semelhança entre clusters é medida em relação ao valor médio dos objectos num cluster, que pode ser visto como o centróide ou centro de gravidade do cluster.

O algoritmo k-means procede da seguinte forma.

- Em primeiro lugar, selecciona aleatoriamente *k* dos objectos, cada um dos quais representa inicialmente uma média ou centro do agrupamento.

- Para cada um dos restantes objectos, um objeto é atribuído ao agrupamento ao qual é mais semelhante, com base na distância entre o objeto e a média do agrupamento.

  - De seguida, calcula a nova média para cada agrupamento.

- Este processo repete-se até à convergência da função critério.

Normalmente, é utilizado o critério do erro quadrático, definido como

$$E = \sum_{i=1}^{k} \sum_{p \in C_i} |p - m_i|^2,$$

em queE é a soma do erro quadrático para todos os objectos do conjunto de dados pis o ponto no espaço que representa um determinado objeto

m_i é a média do agrupamento C_i

4.4.1 O algoritmo de particionamento k-means:

O algoritmo *k-means* para particionamento, em que o centro de cada cluster é representado pelo valor médio dos objectos no cluster.

Input:

- k: the number of clusters,
- D: a data set containing n objects.

Output: A set of k clusters.

Method:

(1) arbitrarily choose k objects from D as the initial cluster centers;

(2) **repeat**

(3)   (re)assign each object to the cluster to which the object is the most similar, based on the mean value of the objects in the cluster;

(4)   update the cluster means, i.e., calculate the mean value of the objects for each cluster;

(5) **until** no change;

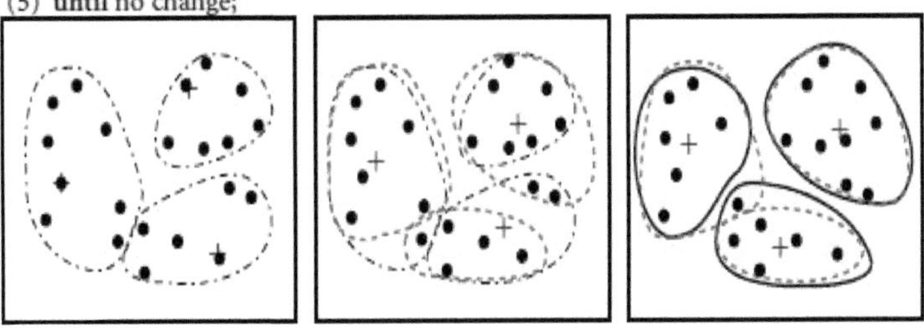

Agrupamento de um conjunto de objectos com base no método k-means

4.4.2   O método k-Medoids:

- O algoritmo k-means é sensível aos outliers porque um objeto com um valor extremamente grande pode distorcer substancialmente a distribuição dos dados. Este efeito é particularmente exacerbado devido à utilização da função de erro quadrático.

- Em vez de tomar o valor médio dos objectos num agrupamento como ponto de referência, podemos escolher objectos reais para representar os agrupamentos, utilizando um objeto representativo por agrupamento. Cada objeto restante é agrupado com o objeto representativo ao qual é mais semelhante.

- O método de partição é então executado com base no princípio da minimização da soma das dissimilaridades entre cada objeto e o seu ponto de referência correspondente. Ou seja, é utilizado um critério de erro absoluto, definido como

$$E = \sum_{j=1}^{k} \sum_{p \in C_j} |p - o_j|,$$

em *queE* é a soma do erro absoluto para todos os objectos do conjunto de dados

é a inspiração pontual que representa um determinado objeto no *agrupamentoC$_j$*

o_j é o objeto representativo de C_j

- Os objectos representativos iniciais são escolhidos arbitrariamente. O processo iterativo de substituição de objectos representativos por objectos não representativos continua enquanto a qualidade do agrupamento resultante for melhorada.

- Esta qualidade é estimada através de uma função de custo que mede a dissemelhança média entre um objeto e o objeto representativo do seu agrupamento.

- Para determinar se um objeto não representativo, oj aleatório, é um bom substituto para um objeto representativo atual, oj, são examinados os quatro casos seguintes para cada um dos objectos não representativos.

Caso 1:

ppertence atualmente ao objeto representativo, o_j . Se o_j for substituído por $_{orandomas\ como}$ objeto representativo e p estiver mais próximo de um dos outros objectos representativos, o_i ,i≠j, então p é reatribuído a o_i .

Caso 2:

ppertence atualmente ao objeto representativo, oj. Se oj for substituído por $_{orandomcomo}$ objeto representativo e p estiver mais próximo de $_{orandom}$, então p é reatribuído a $_{orandom}$.

Caso 3:

p pertence atualmente ao objeto representativo, o_i , i≠j. Se oj for substituído por $_{orand\ como}$ objeto representativo e p continuar a estar mais próximo de o_i , então a atribuição não se altera.

Caso 4:

ppertence atualmente ao objeto representativo, oi, i≠j. Se o_j for substituído por $_{ororandom}$ como objeto representativo e p estiver mais próximo de $_{orandom}$, então p é reatribuído

ao acaso.

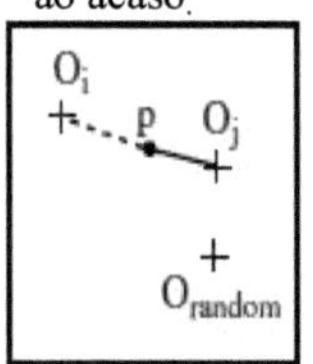

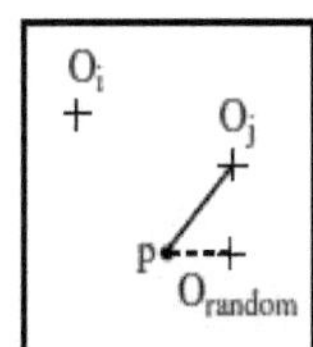

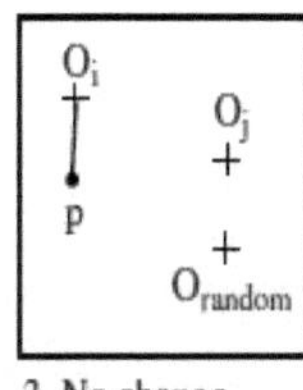

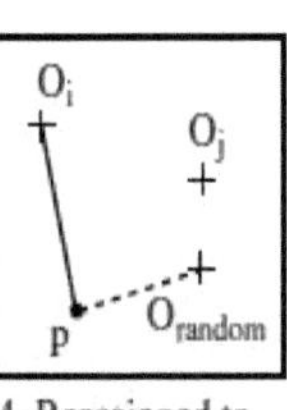

1. Reassigned to O_i 2. Reassigned to O_{random} 3. No change   4. Reassigned to O_{random}

- data object
- \+ cluster center
- — before swapping
- --- after swapping

Quatro casos da função de custo para o agrupamento de k-medoids

4.4.2 *Thek-MedoidsAlgorithm*:

O algoritmo k-medoids para o particionamento baseado em medoid ou objectos centrais.

Input:

- k: the number of clusters,
- D: a data set containing n objects.

Output: A set of k clusters.

Method:

(1) arbitrarily choose k objects in D as the initial representative objects or seeds;
(2) **repeat**
(3)   assign each remaining object to the cluster with the nearest representative object;
(4)   randomly select a nonrepresentative object, o_{random};
(5)   compute the total cost, S, of swapping representative object, o_j, with o_{random};
(6)   if $S < 0$ then swap o_j with o_{random} to form the new set of k representative objects;
(7) **until** no change;

O método *k-medoids* é mais robusto do que o *k-means* na presença de ruído e outliers, porque um medoid é menos influenciado por outliers ou outros valores extremos do que uma média. No entanto, o seu processamento é mais dispendioso do que o método *k-means*.

4.5   Métodos de agrupamento hierárquico:

- Um método de agrupamento hierárquico funciona através do agrupamento de objectos de dados numa árvore de agrupamentos.

- A qualidade de um método de agrupamento hierárquico puro é afetada pela sua incapacidade de efetuar ajustamentos após a execução de uma decisão de fusão ou divisão. Ou seja, se mais tarde se verificar que uma determinada decisão de fusão ou divisão foi uma má escolha, o método não pode voltar atrás e corrigi-la.

Os métodos de agrupamento hierárquico podem ainda ser classificados como aglomerativos ou divisivos, consoante a decomposição hierárquica seja formada de forma ascendente ou descendente.

4.5.1   Agrupamento hierárquico aglomerativo:

- Esta estratégia ascendente começa por colocar cada objeto no seu próprio agrupamento e, em seguida, funde estes agrupamentos atómicos em agrupamentos cada vez maiores, até que todos os objectos estejam num único agrupamento ou até que determinadas condições de terminação sejam satisfeitas.

- A maioria dos métodos de agrupamento hierárquico pertence a esta categoria. Diferem apenas na sua definição de semelhança entre clusters.

4.5.2   Agrupamento hierárquico divisivo:

- Esta estratégia descendente faz o inverso do agrupamento hierárquico aglomerativo, começando com todos os objectos num único agrupamento.

- Subdivide o aglomerado em partes cada vez mais pequenas, até que cada objeto forme um aglomerado por si só ou até que satisfaça determinadas condições de terminação, tais como a obtenção de um número desejado de aglomerados ou o diâmetro de cada aglomerado estar dentro de um determinado limiar.

4.6 Análise de clusters baseada em restrições:

O agrupamento baseado em restrições encontra agrupamentos que satisfazem as preferências ou restrições especificadas pelo utilizador. Dependendo da natureza das restrições, o agrupamento baseado em restrições pode adotar abordagens bastante diferentes.

Existem algumas categorias de restrições.

➢ **Restrições a objectos individuais:**

Podemos especificar restrições sobre os objectos a agrupar. Numa aplicação imobiliária, por exemplo, pode querer-se agrupar espacialmente apenas as mansões de luxo com valor superior a um milhão de dólares. Esta restrição limita o conjunto de objectos a agrupar. Pode ser facilmente tratada por pré-processamento, após o que o problema se reduz a uma instância de agrupamento sem restrições.

➢ **Restrições à seleção dos parâmetros de agrupamento:**

Um utilizador pode querer definir um intervalo desejado para cada parâmetro de agrupamento. Os parâmetros de agrupamento são normalmente bastante específicos para o algoritmo de agrupamento em causa. Exemplos de parâmetros incluem k, o número desejado de clusters num algoritmo k-means; ou e o raio e o número mínimo de pontos no algoritmo DBSCAN. Embora esses parâmetros especificados pelo utilizador possam influenciar fortemente os resultados do agrupamento, estão normalmente confinados ao próprio algoritmo. Assim, a sua afinação e processamento não são normalmente considerados uma forma de agrupamento baseado em restrições.

➢ **Restrições nas funções de distância ou de semelhança:**

Podemos especificar diferentes funções de distância ou de semelhança para atributos específicos dos objectos a agrupar, ou diferentes medidas de distância para pares específicos de objectos. Ao agrupar desportistas, por exemplo, podemos utilizar diferentes esquemas de ponderação para a altura, peso corporal, idade e nível de habilidade. Embora isto possa alterar os resultados da extração, pode não alterar o processo de agrupamento em si. No entanto, nalguns casos, essas alterações podem tornar a avaliação da função de distância não trivial, especialmente quando esta está intimamente ligada ao processo de agrupamento.

> **Restrições especificadas pelo utilizador sobre as propriedades dos clusters individuais:**

Um utilizador pode querer especificar as características desejadas dos agrupamentos resultantes, o que pode influenciar fortemente o processo de agrupamento.

> **Agrupamento semi-supervisionado baseado em supervisão parcial:**

A qualidade da agregação não-supervisionada pode ser significativamente melhorada através da utilização de uma forma fraca de supervisão, que pode assumir a forma de restrições por pares (isto é, pares de objectos rotulados como pertencendo ao mesmo ou a diferentes grupos). Este processo de agrupamento com restrições é designado por agrupamento semi-supervisionado.

4.7 Análise de Outlier:

- Existem objectos de dados que não estão em conformidade com o comportamento ou modelo geral dos dados. Esses objectos de dados, que são grosseiramente diferentes ou inconsistentes com o restante conjunto de dados, são designados por outliers.

- Muitos algoritmos de extração de dados tentam minimizar a influência dos valores anómalos ou eliminá-los de todo. No entanto, isto pode resultar na perda de informação oculta importante, porque o ruído de uma pessoa pode ser o sinal de outra. Por outras palavras, os valores atípicos podem ter um interesse especial, como no caso da deteção de fraudes, em que os valores atípicos podem indicar uma atividade fraudulenta. Assim, a deteção e análise de valores aberrantes é uma tarefa interessante de extração de dados, designada por extração de valores aberrantes.

- Pode ser utilizado na deteção de fraudes, por exemplo, detectando uma utilização invulgar de cartões de crédito ou de serviços de telecomunicações. Além disso, é útil no marketing personalizado para identificar o comportamento de despesa de clientes com rendimentos extremamente baixos ou extremamente elevados, ou na análise médica para encontrar respostas invulgares a vários tratamentos médicos.

A extração de outliers pode ser descrita da seguinte forma: Dado um conjunto de n pontos de dados ou objectos e k, o número esperado de outliers, encontrar os k principais objectos que são consideravelmente diferentes, excepcionais ou inconsistentes em relação aos restantes dados. O problema da mineração de outliers pode ser visto como dois subproblemas:

- Definir quais os dados que podem ser considerados inconsistentes num
- determinado conjunto de dados e encontrar um método eficiente para extrair os outliers assim definidos.

Tipos de deteção de anomalias:

➢ Deteção de anomalias com base na distribuição estatística

➢ Deteção de valores atípicos com base na distância

➢ Deteção local de anomalias com base na densidade

➢ Deteção de outlier baseada em desvios

4.7.1 Deteção de outlier baseada na distribuição estatística:

A abordagem baseada na distribuição estatística para a deteção de valores atípicos pressupõe um modelo de distribuição ou de probabilidade para um determinado conjunto de dados (por exemplo, uma distribuição normal ou de Poisson) e, em seguida, identifica os valores atípicos em relação ao modelo utilizando um teste de discordância. A aplicação do teste requer o conhecimento dos parâmetros do conjunto de dados, dos parâmetros de distribuição, tais como a média e a variância, e do número esperado de valores atípicos.

Um teste de discordância estatística examina duas hipóteses: • Uma hipótese de trabalho

  • Uma hipótese alternativa

Uma hipótese de trabalho, H, é uma afirmação de que todo o conjunto de dados de n objectos provém de um modelo de distribuição inicial, F, ou seja,

$$H : o_i \in F, \quad \text{where } i = 1, 2, \ldots, n.$$

A hipótese mantém-se se não existirem provas estatisticamente significativas que apoiem a sua rejeição. Um teste de discordância verifica se um objeto, oi, é significativamente grande (ou pequeno) em relação à distribuição F. Foram propostas diferentes estatísticas de teste para utilização como teste de discordância, dependendo do conhecimento disponível dos dados. Supondo que uma determinada estatística, T, foi escolhida para o teste de discordância, e que o valor da estatística para o objeto oi é vi, então a distribuição de T é construída. A probabilidade de significância, SP(vi)=Prob(T > vi), é avaliada. Se SP(vi) for suficientemente pequena, então oi é discordante e a hipótese de trabalho é rejeitada.

É adoptada uma hipótese alternativa, H, que afirma que o_i provém de outro modelo de distribuição, G. O resultado depende muito do modelo F escolhido, porque o_i pode ser um valor atípico num modelo e um valor perfeitamente válido noutro. A distribuição alternativa é muito importante para determinar o poder do teste, ou seja, a probabilidade de a hipótese de trabalho ser rejeitada quando oi é realmente um outlier.

Existem diferentes tipos de distribuições alternativas.

- **Distribuição alternativa inerente:**

 Neste caso, a hipótese de trabalho de que todos os objectos provêm da distribuição F é rejeitada a favor da hipótese alternativa de que todos os objectos provêm de outra distribuição, G:

H :oi € G, em que i = 1, 2,..., n

F e G podem ser distribuições diferentes ou diferir apenas nos parâmetros da mesma distribuição.

Existem restrições quanto à forma da distribuição G, na medida em que esta deve ter potencial para produzir valores anómalos. Por exemplo, pode ter uma média ou dispersão diferente, ou uma cauda mais longa.

- **Distribuição alternativa mista:**

A alternativa da mistura afirma que os valores discordantes não são anómalos na população F, mas contaminantes de outra população,

G. Neste caso, a hipótese alternativa é
$$\overline{H} : o_i \in (1-\lambda)F + \lambda G, \quad \text{where } i = 1, 2, \ldots, n.$$

- **Distribuição alternativa da derrapagem:**

 Esta alternativa afirma que todos os objectos (à exceção de um pequeno número prescrito) surgem independentemente do modelo inicial, F, com os seus parâmetros dados, enquanto os restantes objectos são observações independentes de uma versão modificada de F em que os parâmetros foram deslocados.

Existem dois tipos básicos de procedimentos para a deteção de valores anómalos:

Procedimentos de bloqueio:

Neste caso, ou todos os objectos suspeitos são tratados como anómalos ou todos são aceites como consistentes.

Procedimentos consecutivos:

Um exemplo deste tipo de procedimento é o *procedimento insideout*. A sua ideia principal é que o objeto que tem menos probabilidades de ser um outlier é testado em primeiro lugar. Se se verificar que se trata de um objeto anómalo, então todos os

os valores mais extremos são também considerados anómalos; caso contrário, é testado o objeto mais extremo seguinte, e assim sucessivamente. Este procedimento tende a ser mais eficaz do que os procedimentos em bloco.

4.7.2 Deteção de outlier com base na distância:

A noção de outliers baseados na distância foi introduzida para contrariar as principais limitações impostas pelos métodos estatísticos. Um objeto, o, num conjunto de dados, D, é um outlier baseado na distância (DB) com os parâmetros pct e dmin, ou seja, um outlier DB(pct;dmin), se pelo menos uma fração, pct, dos objectos em D se encontrar a uma distância superior a dmin de o. Por outras palavras, em vez de nos basearmos em testes estatísticos, podemos pensar em outliers baseados na distância como aqueles objectos que não têm vizinhos suficientes, sendo os vizinhos definidos com base na distância a que se encontram do objeto em questão. Em comparação com os métodos baseados em estatísticas, a deteção de outliers com base na distância generaliza as ideias subjacentes aos testes de discordância para várias distribuições padrão. A deteção de anomalias baseada na distância evita o cálculo excessivo que pode estar associado ao ajustamento da distribuição observada a uma distribuição padrão e à seleção de testes de discordância.

Para muitos testes de discordância, é possível demonstrar que se um objeto, o, é um outlier de acordo com um determinado teste, então o é também um DB(pct, dmin)-outlier para alguns pct e dmin adequadamente definidos.

Por exemplo, se os objectos que se encontram a três ou mais desvios-padrão da média

são considerados outliers, assumindo uma distribuição normal, então esta definição pode ser generalizada por um outlier DB(0.9988, 0.13s).

Foram desenvolvidos vários algoritmos eficientes para a extração de outliers baseados na distância.

Algoritmo baseado em índices:

Dado um conjunto de dados, o algoritmo baseado em índices utiliza estruturas de indexação multidimensionais, como as árvores R ou as árvores k-d, para procurar os vizinhos de cada objeto *o* num raio *dmin em torno* desse objeto. Seja *M* o número máximo de objectos na *vizinhança dmin* de um outlier. Assim, uma vez encontrados *M+1* vizinhos do objeto *o*, é evidente que *o* não é um outlier. Este algoritmo tem uma complexidade, no pior dos casos, de $O(n2k)$, em que *n* é o número de objectos no conjunto de dados e *k* é a dimensionalidade. O algoritmo baseado em índices é bem dimensionado à medida que *k* aumenta. No entanto, esta avaliação da complexidade tem apenas em conta o tempo de pesquisa, embora a tarefa de construir um índice possa ser computacionalmente intensiva.

Algoritmo de ciclo aninhado:

O algoritmo de ciclo aninhado tem a mesma complexidade computacional que o algoritmo baseado em índices, mas evita a construção de estruturas de índices e tenta minimizar o número de E/S. Divide o espaço de memória intermédia em duas metades e o conjunto de dados em vários blocos lógicos. Escolhendo cuidadosamente a ordem em que os blocos são carregados em cada metade, é possível obter eficiência de E/S.

Algoritmo baseado em células:

Para evitar a complexidade computacional de $O(n^2)$, foi desenvolvido um algoritmo baseado em células para conjuntos de dados residentes na memória. A sua complexidade é $O(c^k +n)$, em que c é uma constante que depende do número de células e k é a dimensionalidade.

Neste método, o espaço de dados é particionado em células com um comprimento lateral igual a $\frac{dmin}{2\sqrt{k}}$. Cada célula tem duas camadas à sua volta. A primeira camada tem a espessura de uma célula, enquanto a segunda tem a espessura de

$\lceil 2\sqrt{k} - 1 \rceil$ células de espessura, arredondadas para o número inteiro mais próximo. O algoritmo conta os outliers célula a célula e não objeto a objeto. Para uma determinada célula, o algoritmo acumula três contagens - o número de objectos na célula, na célula e na primeira camada em conjunto, e na célula e em ambas as camadas em conjunto. Vamos referir-nos a estas contagens como contagem de célula, contagem de célula + 1 camada e contagem de célula + 2 camadas, respetivamente.

Seja M o número máximo de outliers que podem existir na vizinhança dmin de um outlier.

- Um objeto, **o**, na célula atual só é considerado um objeto aberrante se a contagem de camadas da célula + 1 for inferior ou igual a M. Se esta condição não se verificar, então todos os objectos na célula podem ser removidos da investigação posterior, uma vez que não podem ser objectos aberrantes.

- Se cell_ + 2_layers_count for menor ou igual a M, então todos os objectos na célula são considerados aberrantes. Caso contrário, se este número for superior a M, então é possível que alguns dos objectos da célula sejam anómalos. Para detetar estes outliers, é utilizado o processamento objeto a objeto, em que, para cada objeto, **o**, na célula, são examinados os objectos na segunda camada de **o**. **Para** os objectos na célula, apenas os objectos que não tenham mais do que M pontos na sua vizinhança dmin são outliers. A vizinhança dmin de um objeto consiste na célula do objeto, em toda a sua primeira camada e em parte da sua segunda camada.

ma variação do algoritmo é linear em relação a n e garante que não são necessárias mais do que três passagens sobre o conjunto de dados. Pode ser utilizado para grandes conjuntos de dados residentes em disco, mas não se adapta bem a dimensões elevadas.

4.7.3 Deteção local de anomalias com base na densidade:

A deteção estatística e a deteção de valores atípicos baseada na distância dependem ambas da distribuição geral ou global do conjunto de pontos de dados, D. No entanto, os dados não estão normalmente distribuídos de forma uniforme. Estes métodos deparam-se com dificuldades quando analisam dados com distribuições bastante diferentes.

distribuições de densidade.

Para definir o fator de outlier local de um objeto, é necessário introduzir os conceitos de distância k, vizinhança da distância k, distância de acessibilidade13 e densidade de acessibilidade local.

Estes são definidos da seguinte forma:

A k-distância de um objeto p é a distância máxima que p obtém dos seus k-vizinhos mais próximos. Esta distância é designada por k-distância(p). É definida como a distância, d(p, o), entre p e um objeto o 2 D, tal que, para pelo menos k objectos, o_0 2 D, se mantém que d(p, o·)_d(p, o). Ou seja, há pelo menos k objectos em D que são tão próximos ou mais próximos de p do que de o, e para no máximo k-1 objectos, o00 2 D, é válido que d(p;o") <d(p, o).

Ou seja, existem no máximo k-1 objectos que estão mais próximos de p do que de o. Poderá estar a perguntar-se neste momento como é que k é determinado. O método LOF está ligado ao agrupamento baseado em densidade, pois define k como o parâmetro rMinPts, que especifica o número mínimo de pontos a serem usados na identificação de agrupamentos baseados em densidade.

Aqui, MinPts (como k) é utilizado para definir a vizinhança local de um objeto, p.

A vizinhança de distância k de um objeto p é denotada $Nkdistance_{(p)}$(p), ou N_k (p)para abreviar. Ao definir k para MinPts, obtemos $_{NMinPts}$(p). Contém os vizinhos mais próximos de p. Ou seja, contém todos os objectos cuja distância não é superior à distânciaMinPts de p.

A distância de acessibilidade de um objeto p em relação a um objeto o (em que o se encontra entre osMinPts-vizinhos mais próximos de p) é definida como reach

distMinPts(p, o) = max{MinPtsdistance(o), d(p, o)}.

Intuitivamente, se um objeto p estiver longe , então a distância de acessibilidade entre os dois é simplesmente a sua distância real. No entanto, se estiverem suficientemente próximos (ou seja, se p estiver dentro da vizinhança de distância mínima de o), então a distância real é substituída pela distância mínima de o. Isto ajuda a reduzir significativamente as flutuações estatísticas de d(p, o) para todos os p próximos de o.

Quanto mais elevado for o valor de MinPts, mais semelhante é a distância de acessibilidade para objectos na mesma vizinhança.

Intuitivamente, a densidade de acessibilidade local de p é o inverso da densidade de acessibilidade média baseada nos MinPts-vizinhos mais próximos de p. É definida como

$$lrd_{MinPts}(p) = \frac{|N_{MinPts}(p)|}{\sum_{o \in N_{MinPts}(p)} reach\_dist_{MinPts}(p, o)}.$$

O fator local de anomalia (LOF) de p indica o grau em que chamamos a p

uma anomalia. É definido como

$$LOF_{MinPts}(p) = \frac{\sum_{o \in N_{MinPts}(p)} \frac{lrd_{MinPts}(o)}{lrd_{MinPts}(p)}}{|N_{MinPts}(p)|}.$$

É a média do rácio entre a densidade de acessibilidade local de *p* e a dos vizinhos *mais* próximos de *p*. É fácil ver que quanto menor for a densidade de acessibilidade local de p e quanto maior for a densidade de acessibilidade local dos vizinhos *mais próximos* de *MinPts* de *p*, maior será a *LOF(p)*.

4.7.4 Deteção de anomalias com base em desvios:

A deteção de objetos anómalos baseada no desvio não utiliza testes estatísticos ou medidas baseadas na distância para identificar objectos excepcionais. Em vez disso, identifica os objectos anómalos examinando as características principais dos objectos de um grupo. Os objectos que "se desviam" desta descrição são considerados anómalos. Por conseguinte, nesta abordagem, o termo desvios é normalmente utilizado para designar os objectos anómalos. A primeira compara sequencialmente os objectos de um conjunto, enquanto a segunda utiliza uma abordagem de cubo de dados OLAP.

Técnica de exceção sequencial:

A técnica da exceção sequencial simula a forma como os seres humanos podem distinguir objectos invulgares de entre uma série de objectos supostamente semelhantes. Utiliza a redundância implícita dos dados. Dado um conjunto de dados, D, de n objectos, constrói-se uma sequência de subconjuntos, {D1, D2, ...,Dm}, desses objectos com 2<=m <= n tal que

$$D_{j-1} \subset D_j, \quad \text{where } D_j \subseteq D.$$

As dissimilaridades são avaliadas entre subconjuntos da sequência. A técnica introduz os seguintes termos-chave.

Conjunto de excepções:

Este é o conjunto de desvios ou outliers. É definido como o menor conjunto de objectos cuja remoção resulta na maior redução da dissimilaridade no conjunto residual.

Função de dissimilaridade:

Esta função não requer uma distância métrica entre os objectos. É qualquer função que, se for dado um conjunto de objectos, devolve um valor baixo se os objectos forem semelhantes entre si. Quanto maior for a dissimilaridade entre os objectos, maior será o valor devolvido pela função. A dissimilaridade de um subconjunto é calculada de forma incremental com base no subconjunto anterior a ele na sequência. Dado um subconjunto de n números, $\{x_1, ...,x_n\}$, uma possível função de dissimilaridade é a variância dos números no conjunto, ou seja,

$$\frac{1}{n}\sum_{i=1}^{n}(x_i-\overline{x})^2,$$

onde x é a média dos n números do conjunto. No caso das cadeias de caracteres, a função de dissemelhança pode ter a forma de uma cadeia de padrões (por exemplo, contendo caracteres curinga) que é utilizada para cobrir todos os padrões vistos até agora. A dissimilaridade aumenta quando o padrão que cobre todas as cadeias em D_{j-1} não cobre nenhuma cadeia em D_j que não esteja em D_{j-1}.

Função de cardinalidade:

Trata-se, normalmente, da contagem do número de objectos num determinado conjunto.

Fator de suavização:

Esta função é calculada para cada subconjunto da sequência. Avalia em que medida a dissemelhança pode ser reduzida removendo o subconjunto do conjunto original de objectos.

Bibliografia

Livros
1. **Han, J., Pei, J., & Kamber, M.** (2011). *Data Mining: Concepts and Techniques* (3ª ed.). Morgan Kaufmann.
2. **Tan, P.-N., Steinbach, M., & Kumar, V.** (2018). *Introdução à mineração de dados* (2ª ed.). Pearson.
3. **Aggarwal, C. C.** (2015). *Data Mining: The Textbook*. Springer.
4. **Witten, I. H., Frank, E., Hall, M. A., & Pal, C. J.** (2016). *Data Mining: Ferramentas e técnicas práticas de aprendizagem automática* (4.ª ed.). Morgan Kaufmann.

Documentos de investigação
1. **Fayyad, U., Piatetsky-Shapiro, G., & Smyth, P.** (1996). *From Data Mining to Knowledge Discovery in Databases (Da extração de dados à descoberta de conhecimentos em bases de dados)*. AI Magazine, 17(3), 37-54.
2. **Hastie, T., Tibshirani, R., & Friedman, J.** (2009). *The Elements of Statistical Learning: Data Mining, Inference, and Prediction* (2ª ed.). Springer.
3. **Domingos, P.** (2012). *Algumas coisas úteis para saber sobre aprendizado de máquina*. Communications of the ACM, 55(10), 78-87.

Guias práticos
1. **Chakrabarti, S., Dom, B., Gibson, D., Kleinberg, J., Kumar, S. R., & Raghavan, P.** (1999). *Explorando a Web: Analysis of Hypertext and Semi-Structured Data (Análise de hipertexto e dados semi-estruturados)*. Morgan Kaufmann.
2. **Larose, D. T., & Larose, C. D.** (2015). *Data Mining and Predictive Analytics* (2ª ed.). Wiley.
3. **Provost, F., & Fawcett, T.** (2013). *Ciência de dados para negócios: What You Need to Know About Data Mining and Data-Analytic Thinking*. O'Reilly Media.

Recursos online
1. **KDNuggets**. (n.d.). *Recursos de exploração de dados e descoberta de conhecimentos*. Recuperado de KDNuggets
2. **Rumo à ciência dos dados**. (n.d.). Artigos sobre *Data Mining*. Recuperado de Towards Data Science

Printed by Books on Demand GmbH, Norderstedt / Germany